A M. CH. GOUNOD

MÉTHODE PRATIQUE

DE

MUSIQUE VOCALE

A l'usage des Orphéons et des Écoles

Approuvée par le Conservatoire de Paris, le Conservatoire de Bruxelles et par la Société pour l'Instruction élémentaire

(MÉDAILLE D'ARGENT, 1re NOMINATION, A L'EXPOSITION UNIVERSELLE DE 1867)

PAR

AD. PAPIN

Maître de Chapelle du Lycée Impérial Saint-Louis.

L'ouvrage est divisé en 3 parties qui se vendent séparément

Prix net. — Chaque partie : 1 franc

PREMIÈRE PARTIE

40e Édition

PARIS

LIBRAIRIE DE L. HACHETTE ET Cie

Boulevard Saint-Germain, 77

RÉGNIER-CANAUX, Éditeur de Musique religieuse et d'éducation, rue de Mézières, 1

GAUTIER, Éditeur de Musique, 62, rue de Turenne.

A M. CH. GOUNOD

MÉTHODE PRATIQUE

DE

MUSIQUE VOCALE

A l'usage des Orphéons et des Écoles

Approuvée par le Conservatoire de Paris, le Conservatoire de Bruxelles et par la Société pour l'Instruction élémentaire

(MÉDAILLE D'ARGENT, 1re NOMINATION, A L'EXPOSITION UNIVERSELLE DE 1867)

PAR

AD. PAPIN

Maître de Chapelle du Lycée Impérial Saint-Louis

L'ouvrage est divisé en 3 parties qui se vendent séparément

Prix net. — Chaque partie : 1 franc

PREMIÈRE PARTIE

(Cette *partie* est transcrite en *clef de fa* pour les voix graves).

PARIS

LIBRAIRIE DE L. HACHETTE ET Cie

Boulevard Saint-Germain, 77

RÉGNIER-CANAUX, Éditeur de Musique religieuse et d'éducation, rue de Mézières, 1

GAUTIER, Éditeur de Musique, 62, rue de Turenne.

PARIS. — ÉDOUARD BLOT, IMPRIMEUR, RUE TURENNE, 66

PRÉFACE

Avant d'étudier la grammaire, les enfants apprennent à lire : avant d'approfondir les *règles* d'un art, on doit se familiariser avec les *faits* que ces règles gouvernent.

Telle est la pensée qui a donné naissance à cet ouvrage et qui en a tracé le plan.

Nous estimons qu'une méthode vraiment élémentaire doit offrir le champ le plus vaste à la pratique. Lorsque l'élève a acquis une certaine habitude des faits, les idées générales se présentent naturellement à son esprit.

Dans les méthodes ordinaires, tous les principes sont réunis en corps de doctrine et exposés dès le début : on surcharge ainsi la mémoire de l'élève d'une foule de règles dont l'application ne doit avoir lieu que beaucoup plus tard.

Procédant d'une façon tout autre et suivant en cela la méthode en usage dans les autres branches de l'enseignement, nous divisons la théorie et n'en employons chaque fois que ce qui est nécessaire pour l'intelligence de la leçon qu'on étudie.

Cette théorie, d'ailleurs, a été réduite par nous à sa plus simple expression, sans que, toutefois, rien d'essentiel en ait été omis.

Nous divisons l'étude de la Musique en trois parties principales : 1° *les signes;* 2° *l'intonation;* 3° *le rhythme.*

Nous attachons une très-grande importance à la connaissance des *signes*, et principalement à l'étude des *notes* sur la portée. L'expérience nous a démontré qu'on agit plus sûrement sur la mémoire de l'élève et qu'on obtient ainsi des résultats plus prompts en ne lui faisant travailler qu'un petit nombre de notes à la fois.

L'étude de l'*intonation* pourra être commencée dès la première leçon, le nom des notes étant écrit sous les exercices. Ces exercices sont basés sur l'étude des intervalles les plus fréquemment employés dans un morceau de musique. Après l'étude des *degrés conjoints,* nous faisons travailler *l'accord parfait, la septième de dominante, la gamme harmonisée*, et diverses autres formules qui conduisent très promptement au but (1).

Lorsque les élèves possèderont la connaissance des signes, on commencera l'étude du *rhythme,* sans cesser de consacrer une partie de chaque leçon à la lecture des notes et au travail de l'intonation. Du reste, nos premiers exercices de rhythme étant établis sur la gamme ascendante et descendante, la difficulté de lecture sera à peu près nulle.

La plupart des solféges ne renferment qu'un très-petit nombre de leçons pour les commençants. Nous avons jugé indispensable, au contraire, de multiplier ce genre d'exercices; car, selon nous, les élèves sont beaucoup moins retardés par les difficultés de la musique que par la tendance de certains professeurs à précipiter l'enseignement. Nous pensons qu'on ne saurait s'arrêter trop longtemps sur l'étude des premières difficultés qui sont les bases du système et sans la connaissance desquelles aucun progrès n'est possible.

Nous avons donné à dessein peu de développement à nos exercices, l'aplomb dans la mesure et la sûreté dans l'intonation ne pouvant s'acquérir que par la répétition fréquente des mêmes difficultés.

Lorsque les élèves possèdent parfaitement le ton d'*Ut majeur*, nous leur apprenons l'effet du *dièse* et du *bémol.* Nous abordons ensuite la gamme mineure avec de nouveaux exercices d'intonation, basés sur le même principe que les précé-

---

(1) Nous recommandons particulièrement aux professeurs ces exercices sur les accords, dont nous avons éprouvé les excellents résultats dans notre enseignement personnel ; reproduits devant chaque nouvelle tonalité, ils ont pour effet de faire sentir aux élèves l'analogie qui existe entre les gammes, et ils les habituent à lire couramment et sans hésitation les notes de la portée. Cette étude, grâce à laquelle on acquiert tant de facilité pour la lecture et pour l'attaque des intervalles, doit tenir lieu des exercices journaliers si utiles aux instrumentistes.

dents et suivis d'exercices à deux parties. Puis vient le ton de *Sol* suivi de son relatif *mi mineur*, — *Fa majeur* et *Ré mineur*, — *Ré majeur* et *Si mineur*, — *Si bémol majeur* et *Sol mineur*, etc. Nous dépassons peu les tons dont l'armure se compose de trois dièses ou de trois bémols. Il est évident en effet que l'élève qui sait solfier dans le ton de *La naturel* ou de *Mi bémol*, saura également solfier dans le ton de *La bémol* ou de *Mi naturel*, tout aussi bien que l'élève qui sait chanter en *Ut*, sait chanter en *Ut dièse* et en *Ut bémol*.

Nos leçons ont été écrites à deux parties et quelquefois à trois, non seulement afin de développer chez les élèves le sentiment harmonique, mais encore pour les rendre maîtres de la difficulté que présente l'exécution simultanée de plusieurs parties différentes. On sait que des élèves capables d'exécuter correctement une mélodie isolée, se trouvent déroutés dès qu'ils entendent des sons étrangers à leur partie.

L'étendue vocale des exercices à solfier est *généralement* de *Do* grave à *Fa* aigu.

Quant à l'emploi de la mesure dans nos exercices, nous avons commencé par la mesure à *deux temps*, qui est évidemment la plus facile ; puis vient la mesure à *trois temps*, puis celle à *quatre temps*. Enfin, lorsque ces mesures ont été travaillées séparément, la suite des exercices en présente tour à tour l'emploi.

Comme complément à notre méthode, nous avons ajouté et disposé à deux parties un grand nombre de leçons extraites des meilleurs auteurs italiens et français. Ce recueil, qui forme deux volumes sous le titre de : *Les Solféges classiques*, offrira aux élèves d'utiles exercices, tout en leur inspirant le goût des mélodies élégantes, soutenues par une harmonie savante et pure, et en les initiant à la couleur et au style des anciens maîtres.

Nous n'avons eu garde de rien changer à l'écriture usuelle, dont l'un des grands avantages est d'être en usage dans tous les pays. J.-J. Rousseau qui, l'un des premiers, avait essayé une réforme en introduisant l'écriture en chiffres, rapporte dans ses *Confessions* (partie II, livre VII), une observation de Rameau qui désillusionne un peu sur la valeur de son système. Malgré quelques légères imperfections qui, on peut s'en convaincre, disparaissent chaque jour, l'écriture en notes et sur la portée est la seule complète, la seule dont on puisse se servir à la fois pour les voix et pour *tous* les instruments, la seule enfin qui ait produit des artistes.

Nous disions dans la préface de notre première édition (1863) :

« Qu'il nous soit permis en terminant d'exprimer un vœu.
« Nous avons en France d'excellentes Sociétés chorales, mais jusqu'à présent, et au grand
« regret des chefs habiles qui les dirigent, la plupart de ces Sociétés se sont bornées à réciter
« leurs morceaux et n'ont jamais voulu s'assujettir à l'étude de la Musique. Il serait à sou-
« haiter qu'on adoptât comme règle dans tous les concours d'Orphéon l'exécution d'un mor-
« ceau à vue. Ces séances offriraient alors un intérêt sérieux, et l'éducation musicale des
« classes populaires entrerait dans une voie de progrès réel. »

Depuis le jour où nous écrivions ces lignes, un grand pas a été fait : les épreuves de lecture commencent à prendre rang sur le programme des concours, et, comme conséquence, l'étude sérieuse de la musique est à l'ordre du jour dans nos sociétés orphéoniques. Il nous est doux de penser que notre modeste ouvrage et nos efforts auront pu contribuer aux résultats définitifs que nous promet l'avenir.

AD. PAPIN.

Novembre 1866.

(Nous nous empressons de constater ici la part que notre ami, M. L. Girard, professeur de chant dans les écoles communales de la ville de Paris, a prise à notre travail. Nous devons à son expérience d'excellents avis, et à son talent la composition d'un certain nombre d'exercices. C'est pour nous un devoir et un plaisir de l'en remercier publiquement.)

AVIS AUX PROFESSEURS

Les progrès dans l'étude d'un art dépendent non-seulement du choix de la méthode, mais aussi, et surtout, de la façon dont la méthode est appliquée. — Le rôle du professeur est de la plus haute importance, il exige, chez l'artiste, des qualités spéciales. — Un professeur, bon musicien, instrumentiste habile, se trouvera, malgré tout, fort au-dessous de sa tâche, s'il n'a pas acquis, par la réflexion et la pratique, une certaine expérience de l'enseignement.

Voué au professorat depuis longues années, nous avons eu l'occasion de recueillir, pour notre part, quelques observations que nous croyons devoir consigner ici. Superflues pour les musiciens de profession, ces réflexions ne seront pas sans intérêt et sans utilité, nous l'espérons, pour les professeurs amateurs.

Du silence pendant la leçon. — Quel que soit le talent du professeur, on ne peut rien espérer d'une classe où ne règne pas la discipline. Avec les enfants surtout, le silence est difficile à obtenir, et la présence d'un surveillant est nécessaire, afin que le professeur soit tout entier à son enseignement.

De l'attention. — L'élève sera attentif si la leçon l'intéresse : tout dépend ici du professeur ; il doit chercher à plaire en instruisant, et savoir saisir le moment où les élèves sont fatigués d'un genre d'étude pour les faire passer à un autre.

De l'emploi du temps. — Le professeur devra varier les exercices de manière à ne pas blaser l'élève sur un sujet d'étude. Il passera de l'intonation au rhythme ; il fera chanter par groupes, puis *séparément* (nous recommandons tout particulièrement ce dernier exercice qui habitue l'élève à vaincre sa timidité naturelle). Le professeur posera aussi des questions de théorie, il fera faire l'analyse des morceaux, ainsi que des exercices de vocalisation et de dictée ; mais il écartera avec soin tout travail inutile : j'appelle ainsi le travail qui n'est pas en rapport avec le degré d'instruction des élèves ; tel, par exemple, que l'exécution de morceaux de chant avec paroles. Il est facile de comprendre que c'est seulement lorsque les élèves se sont rendus maîtres de toutes les difficultés du rhythme et de l'intonation qu'il convient de leur imposer cette tâche nouvelle, l'adaptation des paroles au chant, couronnement des études élémentaires.

Le but poursuivi par les professeurs, qui ne reculent pas devant un travail prématuré, est d'intéresser les élèves et de développer en eux le goût musical. Nous pensons qu'on peut arriver au même résultat en se bornant à faire solfier aux élèves des morceaux à plusieurs parties, qui leur offriront un grand attrait sans cesser de leur être utiles. C'est pour cette raison que nous avons disposé toutes nos leçons à deux et à trois parties.

Dans notre système *pratique* d'enseignement, la majeure partie de la leçon est consacrée aux exercices. L'étude de la théorie se présente naturellement comme repos pour la voix. — Les explications doivent être claires et brèves.

Nota. Il faut avoir soin d'adresser des questions à l'élève, pour s'assurer qu'il a bien compris et bien retenu.

Des encouragements aux élèves. — Il est important de ne jamais intimider les élèves par des gestes d'impatience ou des paroles dures. Les encouragements sont, au contraire, d'excellents moyens d'émulation. — Il faut donner aux élèves une certaine confiance en eux.

Division des forces. — Dans les écoles de musique où l'enseignement est collectif, comme on ne peut mener de front des élèves de forces différentes, il est nécessaire de former plusieurs cours. — Lorsque l'enseignement musical n'est qu'un accessoire des études, la répartition des élèves dans les cours doit avoir pour base leurs dispositions artistiques et leurs connaissances spéciales, et non le degré d'instruction générale auquel ils sont arrivés. On n'admettra pas, par conséquent, d'élèves nouveaux pendant la durée d'un cours, à moins qu'ils ne soient en état de le suivre avec fruit, et sans retarder les anciens.

Nota. Dans les écoles communales de la ville de Paris où le professeur donne la leçon à tous les élèves de la classe, dans le même local et pendant l'heure réglementaire, il est d'usage de faire deux divisions. La moitié de la leçon est consacrée aux nouveaux et l'autre moitié aux anciens.

Ne pas chanter avec l'élève. — Quelques professeurs ont l'habitude de jouer sur un instrument ou de chanter la leçon avec l'élève : ce système nous semble mauvais. L'élève doit s'habituer à chanter seul ; il acquiert ainsi plus d'aplomb. Le maître ne devrait chanter que pour faire voir la faute commise et la manière de bien exécuter le passage.

De la position du corps. — Lorsqu'on chante, on doit se tenir droit, les bras et les épaules effacés, afin que la poitrine, bien dégagée, laisse un libre cours à la voix. (Donner le son naturel, sans contraction de la gorge, et la bouche bien ouverte. — Prononcer distinctement).

NOTA. Il serait bon de placer sur les tables une sorte de pupitre, afin que les élèves puissent suivre dans leur livre sans trop se pencher, attitude qui fatigue la poitrine et contrarie l'émission du son.

De l'étude des notes. — L'étude des notes est de la plus grande importance ; on n'insistera jamais trop sur ce point, car il ne suffit pas de trouver le nom des notes, il faut arriver à les lire couramment et sans aucune hésitation.

De l'analyse. — Le professeur devra faire faire souvent l'analyse du morceau qu'on s'apprête à chanter ; c'est le moyen, dit avec raison E. Jue, de se fortifier dans la connaissance de la théorie en même temps qu'on acquiert, pour le moment de l'exécution, tous les secours que le raisonnement peut offrir à la pratique.

De la répétition. — Nous avons recommandé aux professeurs de ne point s'appesantir jusqu'à la fatigue sur un même genre d'exercices ; il ne s'ensuit pas, bien entendu, qu'on doive abandonner définitivement une leçon avant qu'elle soit suffisamment étudiée ; on y reviendra au moment favorable, et l'on ne passera à un nouvel exercice que lorsque le précédent sera bien su.

Des vocalises. — Lorsqu'un morceau aura été solfié, il sera bon, de temps à autre, de le faire vocaliser. On doit alors exiger une plus grande douceur dans le son et une certaine égalité dans le passage de la voix de poitrine à la voix de tête.
Les vocalises se font sur la voyelle *a*.

Du diapason. — Autant que possible, on habituera les élèves à chanter en prenant le son tonique d'après le diapason. Ils acquerront ainsi le sentiment de la tonalité, et l'on développera chez eux cette mémoire de l'oreille si précieuse aux chanteurs.

Pour donner le ton d'un morceau à plusieurs parties. — Le professeur, après avoir pris le *la* au diapason, descend ou monte à la tonique, puis fait solfier ou vocaliser par les exécutants l'accord parfait, pour qu'ils retiennent la note par laquelle commence leur partie ; de sorte qu'au signal donné tous attaquent d'accord et ensemble le morceau à exécuter.

De la fusion des voix. — Nous empruntons à M. Gros, professeur à l'école normale de Strasbourg ; les recommandations suivantes auxquelles nous donnons notre complète adhésion. « Les élèves, et surtout les enfants, ont une tendance naturelle à chanter à pleins poumons ; le désir d'être remarqué entre tous les autres, à dominer les faibles, les anime tous, et cette émulation mal entendue fait que l'on crie.

Dans un morceau chanté à l'unisson par plusieurs personnes, la première condition pour rendre l'audition supportable, c'est que toutes les voix se fondent en un ensemble bien homogène où l'on ne distingue plus telle ou telle voix en particulier. — Pour obtenir cette fusion mélodieuse des voix, il est nécessaire que, dans le *piano* comme dans le *forte*, chacun, tout en émettant de beaux sons, règle sa voix de manière à entendre celle des autres exécutants. »

De la respiration. — C'est à tort, selon nous, que les temps de respiration sont indiqués dans certains solféges. On ne devrait pas confondre les études élémentaires avec l'art du chant qui les complète, et il est toujours dangereux de multiplier sans nécessité les préoccupations des élèves. D'ailleurs l'enfant respirant plus souvent que l'adulte, il s'ensuit qu'une indication, bonne pour l'un est mauvaise pour l'autre. — Ainsi en a jugé le Conservatoire, les signes de respiration sont exclus de ses solféges, et c'est dans sa méthode de chant seulement qu'il en fait usage.

DE LA DICTÉE MUSICALE[1]

La dictée musicale est *orale* ou *écrite.*

Nous en divisons l'étude en trois classes d'exercices offrant une difficulté progressive. Chaque classe ou degré correspond aux difficultés que présente chacune des trois parties de la méthode.

PREMIER DEGRÉ (1re PARTIE DE LA MÉTHODE)

DICTÉE ORALE

PREMIÈRE SÉRIE. **Intonation solfiée et rhythmée.** — Le professeur *solfie en battant la mesure*, 3, 4, 5 ou 6 notes au plus, formant un sens musical (2), les élèves, après avoir répété ce membre de phrase, nomment les signes de durée (notes et silences) qui entrent dans sa composition.

SECONDE SÉRIE. **Intonation vocalisée sans rhythme.** — Le professeur, après avoir fait entendre la gamme ou l'accord parfait, *vocalise*, *sans rhythme*, deux sons d'abord. puis 3, 4 ou 5 sons, que les élèves répètent *en solfiant.*

Remarque. Lorsque les études seront assez avancées pour que le maître puisse employer dans le membre de phrase *vocalisé* des dièses et des bémols accidentels, les élèves devront après l'avoir *solfié*, désigner les notes qui ont été diésées ou bémolisées.

PRÉPARATION A LA DICTÉE ÉCRITE

Pendant le temps consacré à l'étude de la première partie de la méthode, le maître habituera les élèves à l'écriture des signes et les préparera ainsi aux exercices d'écriture sous dictée, en leur faisant copier, comme devoir, dans l'intervalle des leçons, des exercices de la méthode.

DEUXIÈME DEGRÉ (2e PARTIE DE LA MÉTHODE)

DICTÉE ORALE

PREMIÈRE SÉRIE. **Intonation vocalisée sans rhythme.** — Cette dictée se fait comme celle du premier degré, mais en graduant les difficultés d'intonation.

SECONDE SÉRIE. **Intonation vocalisée avec rhythme.** — Le maître, après avoir indiqué le ton et en avoir fait entendre l'accord parfait, *vocalise* une ou plusieurs fois, selon le degré de force des élèves, un membre de phrase que ceux-ci répètent ensuite en *solfiant.* Puis, les notes étant connues, le professeur *solfie* le même exercice *en battant la*

---

(1) Jusqu'à présent, pour les études élémentaires, on a peu fait usage, même au Conservatoire, des exercices d'écriture sous dictée; cependant cette étude faisant partie du programme adopté pour les lycées et écoles normales, nous avons cru devoir ajouter quelques indications sur la manière de régler ce travail.

Nous laissons à l'intelligence du maître le soin de ne se servir d'abord que d'exercices faciles et de décider d'après le progrès des élèves du nombre de leçons qui doivent être étudiées, sur telle ou telle difficulté, de l'intonation ou du rhythme. — Le maître trouvera dans notre méthode un grand nombre d'exercices gradués qui lui seront d'une grande utilité pour les études de dictée.

(2) Les musiciens savent qu'un morceau de musique se compose d'une suite de phrases séparées par de légers repos, sorte de ponctuation du discours musical que l'oreille sent aisément. Le chanteur règle sa respiration d'après ces repos qui se présentent généralement de deux en deux mesures. C'est également sur ces repos que le professeur doit arrêter chaque série de sons vocalisés. Nous devons remarquer, toutefois, que certains professeurs, en dictant, terminent la phrase vocalisée sur la première note de chaque mesure.

mesure et en donnant à chaque note la durée qu elle comporte ; les élèves, après avoir répété de la même manière ce membre de phrase mesurée, indiquent le nom des figures de durée ou des silences qui entrent dans sa composition. — Le dicteur continue ainsi jusqu'à la fin du morceau en ayant soin, pour que les élèves ne perdent pas le sentiment de la tonalité, de *solfier* ou de *vocaliser* une dernière fois chaque membre de phrase, afin de l'enchaîner aux sons vocalisés qui constituent le membre de phrase suivant.

DICTÉE ÉCRITE

Nota. Avant de commencer les exercices de dictée écrite, le professeur devra s'assurer que les élèves savent écrire facilement les signes de la musique. — Pour cette dictée, les élèves devront être munis de crayons, de papier ou d'ardoises, réglés avec des portées.

La dictée écrite ne diffère des exercices précédents qu'en ce que la traduction des élèves doit être écrite et non verbale ; par conséquent, lorsque les élèves auront répété *en solfiant*, les sons vocalisés par le maître, ils devront les écrire, en ayant soin de laisser un peu d'espace entre chaque note, afin qu'il soit possible d'y intercaler les signes de silence ou de prolongation et les barres de mesure, quand viendra la dictée avec rhythme.

La dictée des exercices d'intonation avec rhythme (2e série) étant terminée, le professeur transcrira au tableau noir le morceau qui a été dicté et les élèves se corrigeront mutuellement, puis, après avoir pris le ton, ils solfieront le morceau d'un bout à l'autre en battant la mesure.

TROISIÈME DEGRÉ (3e PARTIE DE LA MÉTHODE)

DICTÉE ORALE

PREMIÈRE SÉRIE. — **Intonation vocalisée sans rhythme** dans tous les tons majeurs et mineurs.

SECONDE SÉRIE. — **Intonation vocalisée avec rhythme.** — Cette dictée diffère de celle du deuxième degré (seconde série) en ce que le professeur ne bat pas la mesure et laisse aux élèves le soin de la déterminer. — Le maître fera entendre préalablement le morceau dans son ensemble, en *vocalisant* et en accentuant un peu, comme il est d'usage, le premier temps de chaque mesure. Il suffira donc aux élèves de remarquer si le temps fort revient de deux en deux, de trois en trois, ou de quatre en quatre temps, pour reconnaître si le morceau est écrit à deux, à trois, ou à quatre temps.

Ceci fait, on continuera en opérant comme il est indiqué pour les exercices de la seconde série du deuxième degré.

DICTÉE ÉCRITE

(Voir nos observations à propos de la dictée écrite du deuxième degré.)

NOTA. Il sera bon de faire remarquer aux élèves que les barres de mesure se placent toujours à gauche de la note accentuée.

MÉTHODE PRATIQUE DE MUSIQUE VOCALE

PREMIÈRE PARTIE.

Il y a, en musique, sept sons principaux qu'on a nommés: *DO* (ou Ut), *RÉ*, *MI*, *FA*, *SOL*, *LA*, *SI*.

LA GAMME.

En y ajoutant un 8e son nommé aussi *Do*, parcequ'il n'est que la répétition à l'aigu du 1er, on obtient une série de 8 sons qu'on nomme, la Gamme.

Chacun de ces sons est un *degré* de la gamme.

1er Degré	2me Degré	3me Degré	4me Degré	5me Degré	6me Degré	7me Degré	8me Degré
DO	*RÉ*	*MI*	*FA*	*SOL*	*LA*	*SI*	*DO* (*aigu*)

Le 8e son (*Do aigu*) peut servir de point de départ à une nouvelle gamme.

LES NOTES.

On représente les sons par des notes (*Nous donnerons provisoirement aux notes cette forme:* ●)

LA PORTÉE.

Les notes s'écrivent sur un groupe de 5 lignes, nommé *Portée*

Exemple.

5e ligne ——— 4e interligne.
4e ligne ——— 3e interligne.
3e ligne ——— 2e interligne.
2e ligne ——— 1er interligne.
1e ligne ———

Les notes se placent sur les lignes et entre les lignes.

LIGNES SUPPLÉMENTAIRES.

On ajoute, au besoin, au-dessus et au-dessous de la portée de petites *lignes supplémentaires*

Ex: 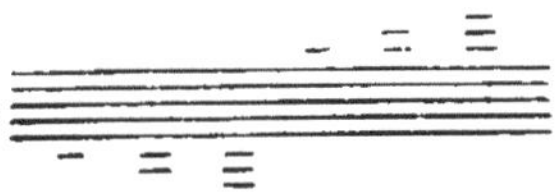

LES CLEFS.

On détermine le nom des notes sur la portée, à l'aide d'un signe nommé *Clef*.

Il y a trois clefs: La clef de *Sol* 𝄞, la clef de *Fa* 𝄢 et la clef de *Do* 𝄡 (1)

Nous n'emploierons d'abord que la clef de sol. Elle se place sur la 2e ligne de la portée de cette manière: 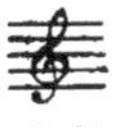

La note placée sur la 2e ligne prend le nom de sol. Celle-ci une fois connue on trouve facilement les autres. Ex: 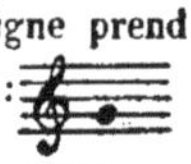

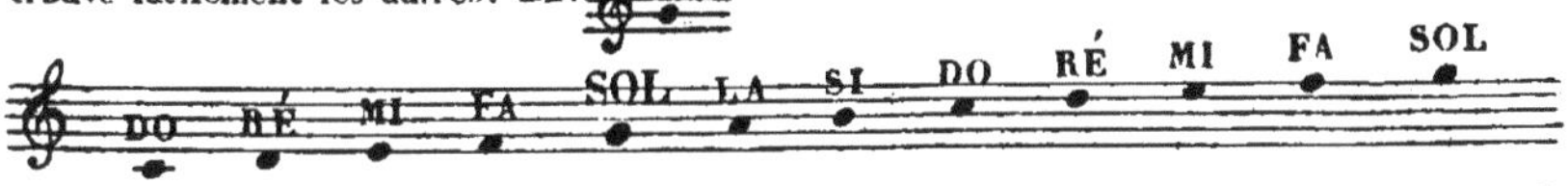

(1) *Les publications musicales modernes s'écrivent généralement en clef de* Sol *ou en clef de* Fa.

EXERCICES POUR APPRENDRE A LIRE LES NOTES.(1)

NOTA. Une partie de la leçon doit être consacrée à l'étude des *notes*, l'autre à l'étude de *l'intonation (Les exercices d'intonation peuvent être etudiés dès la 1.re leçon* (Page 8) *le nom des notes y étant écrit en toutes lettres.)* Au bout de quelque temps quand les élèves sauront nommer les notes on y ajoutera l'étude de du *rhythme* (Page 17)

1.re SÉRIE.

1er GROUPE. Etude des notes *do, ré, mi, fa,* 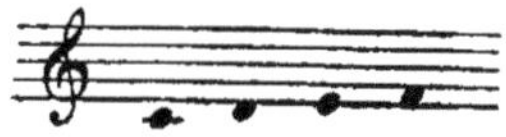

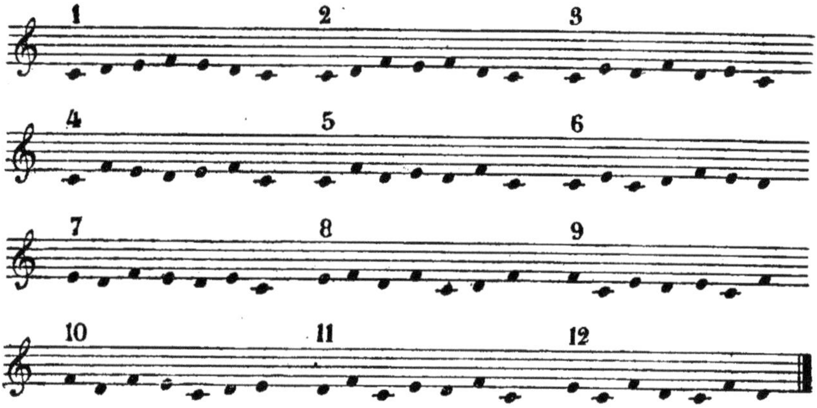

(1) *Ces exercices doivent être* lus *et non* chantés. — *Ne passer d'un groupe à un autre que lorsque le précédent est bien su.*

NOTA. *La première difficulté que rencontrent ceux qui se consacrent à l'instruction musicale du premier âge, résulte de l'extrême mobilité d'esprit des enfans. On doit s'attacher à tenir leur attention en éveil, à les intéresser par la variété des exercices et le ton général de l'enseignement. Il faut savoir rendre la leçon* attrayante.

L'étude des notes sur la portée est d'une très grande importance et l'on ne saurait trop y insister; car, un élève qui ne peut nommer les notes rapidement et sans hésitation *trouvera-là un obstacle invincible à ses progrès. Il serait bon qu'on y exerçât les enfants de très bonne heure: si, lorsque les élèves sont admis à suivre les cours de musique, ils savaient déjà nommer leurs notes, ce serait un progrès immense.*

Il est bon de donner aux élèves des devoirs à remplir dans l'intervalle des leçons. On peut leur faire copier un exercice de la méthode sur lequel ils auront à inscrire le nom des notes, ou bien leur indiquer un exercice dont ils devront lire les notes avec rapidité.

2e SÉRIE.

2e GROUPE. Etude des notes *sol, la, si, do* (aigu)

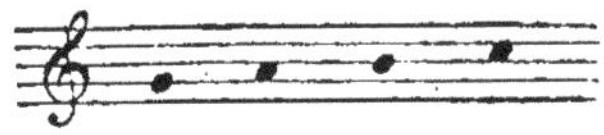

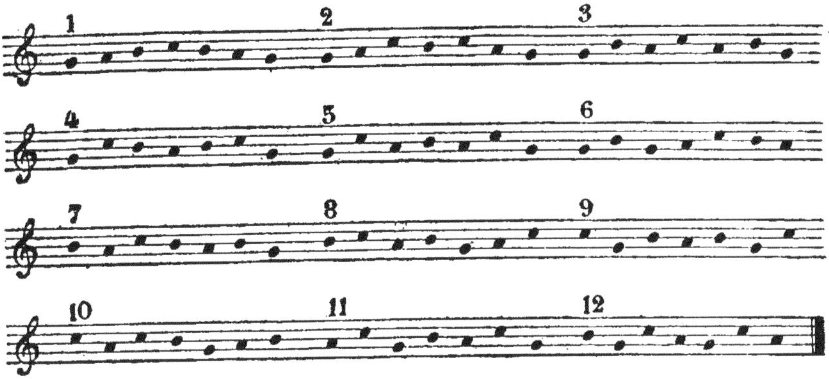

3e SÉRIE.

RÉUNION des 2 GROUPES.
do, ré, mi, fa, sol, la, si, do (aigu)

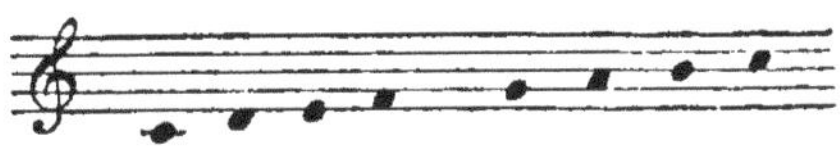

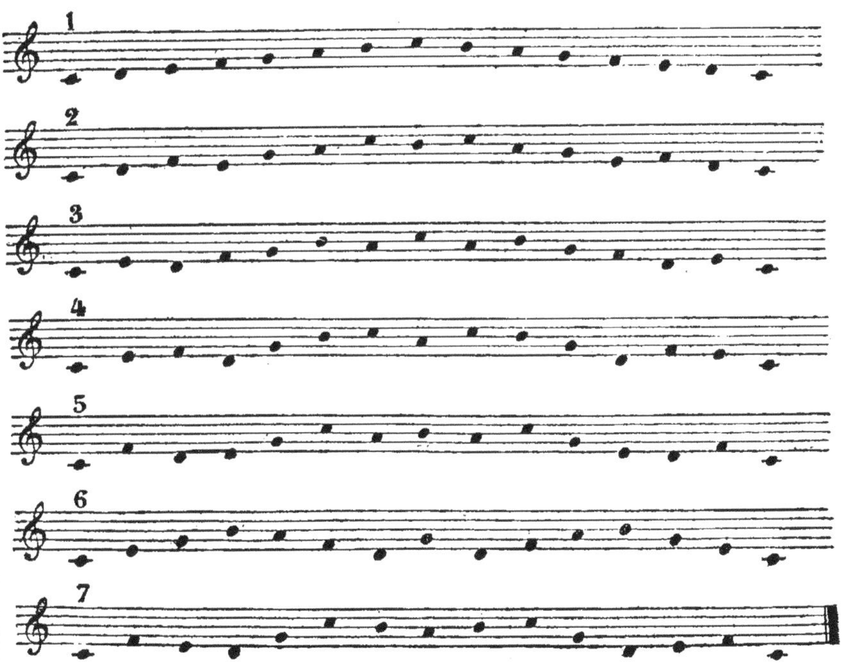

4e. SÉRIE.

3e GROUPE. Etude des notes aigues *ré, mi, fa, sol.*

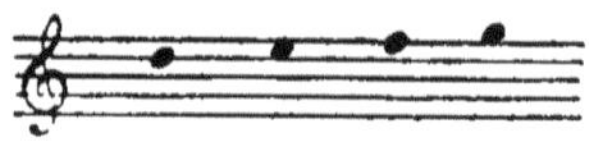

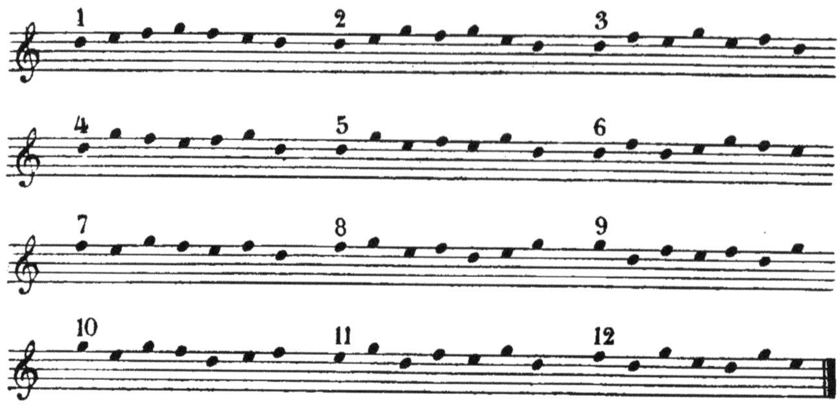

5e. SÉRIE.

RÉUNION des 3 GROUPES.

do, ré, mi, fa, sol, la, si, do. ré, mi, fa, sol.

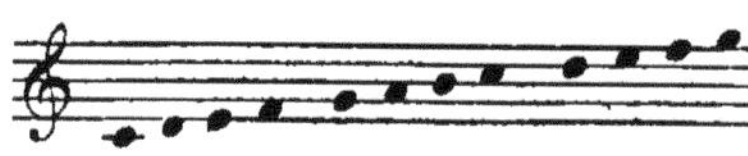

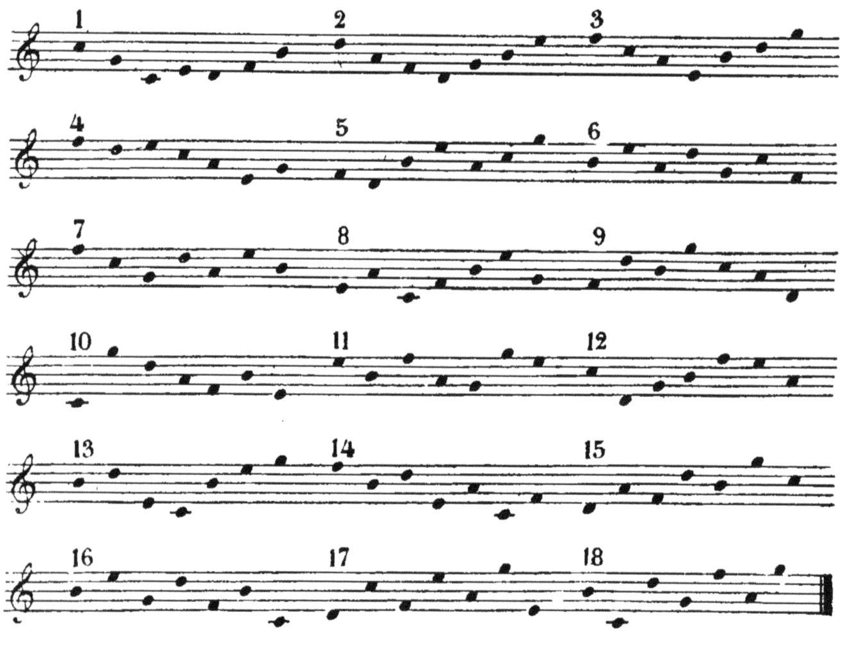

6me SÉRIE.

4e GROUPE. Etude des notes graves *si, la, sol.*

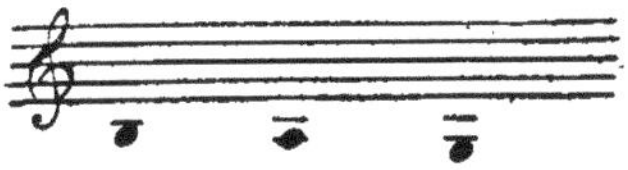

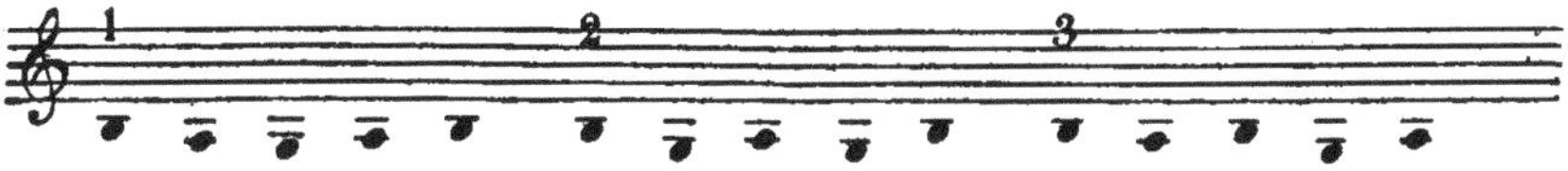

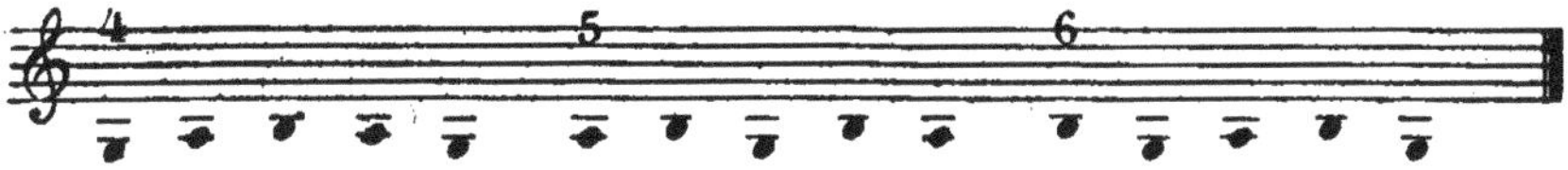

7me SÉRIE.

5e GROUPE. Etude des notes aigues *la, si, do.*

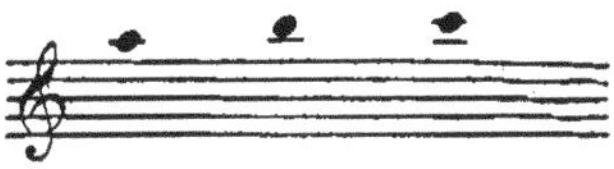

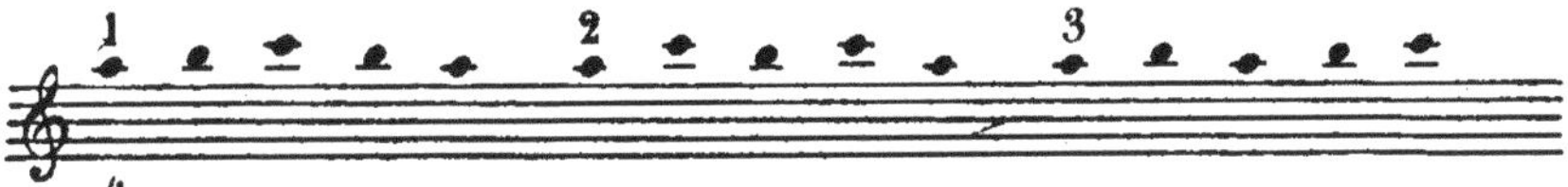

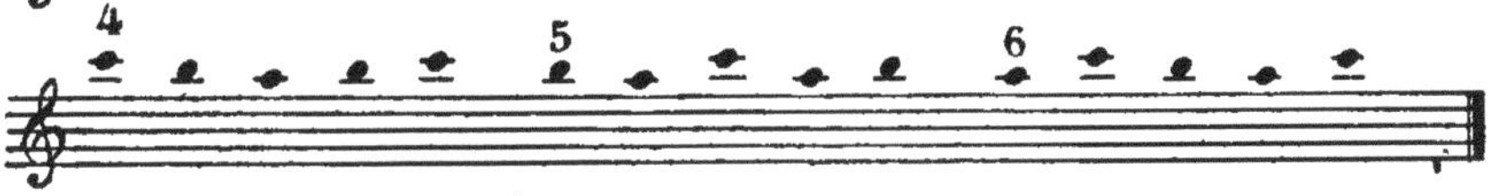

DEGRÉS CONJOINTS. DEGRÉS DISJOINTS.

Les notes se succèdent par *Degrés conjoints* lorsqu'elles se présentent dans le même ordre que dans la gamme et par *Degrés disjoints* lorsqu'elles se présentent dans tout autre ordre

Ex:

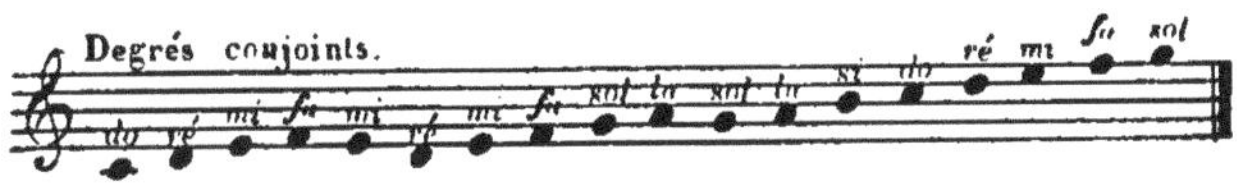

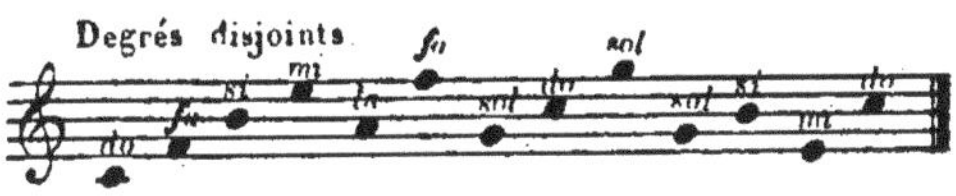

INTERVALLE.

La distance d'un son à un autre se nomme *Intervalle*.

Les intervalles prennent leur nom du nombre de degrés conjoints qu'ils comprennent.

UNISSON

Le même son répété forme *l'unisson*, intervalle nul.

Ex

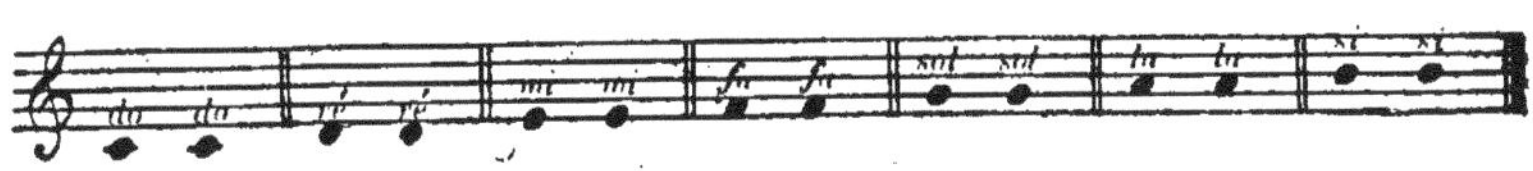

On appelle :

	Les intervalles qui comprennent
SECONDES (2des)	2 Degrés conjoints
TIERCES (3ces)	3 Degrés conjoints
QUARTES (4tes)	4 Degrés conjoints
QUINTES (5tes)	5 Degrés conjoints
SIXTES (6tes)	6 Degrés conjoints
SEPTIÈMES. (7mes)	7 Degrés conjoints
OCTAVES. (8ves)	8 Degrés conjoints

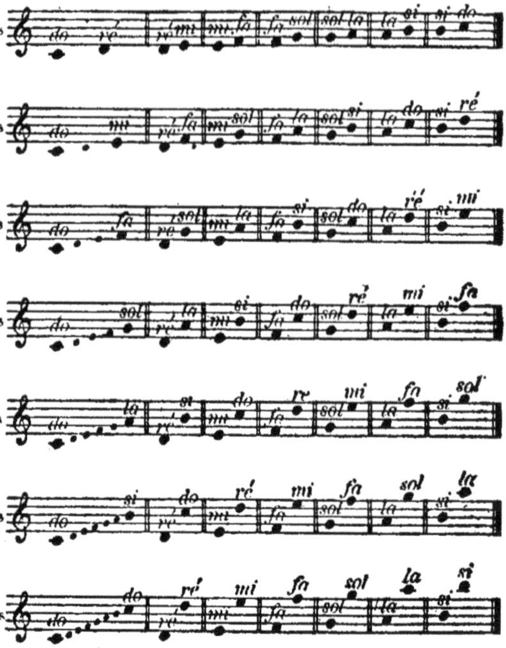

SECONDES MAJEURES, SECONDES MINEURES, TONS, DEMI-TONS

Deux intervalles de même nom peuvent ne pas être égaux.

Les 2 SECONDES *mi fa* et *si do* sont plus petites que les 5 autres secondes, *do ré, ré mi, fa sol, sol la, la si.* (1)

Ces 5 autres SECONDES s'appellent *Secondes majeures* ou *Tons*; les 2 SECONDES *mi fa* et *si do* s'appellent *Secondes mineures* ou *Demi-tons*.

COMPOSITION de la GAMME.

La gamme qui procède par tons et demi-tons et qu'on appelle gamme du *genre diatonique* ou simplement *gamme diatonique* est ainsi formée.

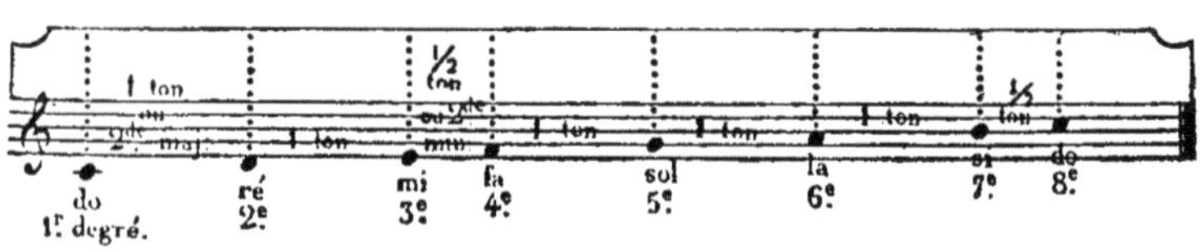

---

(1) *Le maître peut le faire comprendre aux élèves en leur faisant entendre un son intermédiaire entre* do *et* ré, ré *et* mi, fa *et* sol, sol *et* la, la *et* si; *ce qui ne peut se faire entre* mi *et* fa, *et* si *et* do.

Observons que les 2 secondes mineures ou ½ tons sont placées du 3e au 4e degré et du 7e au 8e et que la gamme se divise en 2 parties qui se composent de la même manière, c'est-à-dire de deux 2des majeures suivies d'une 2de mineure.

Ex: 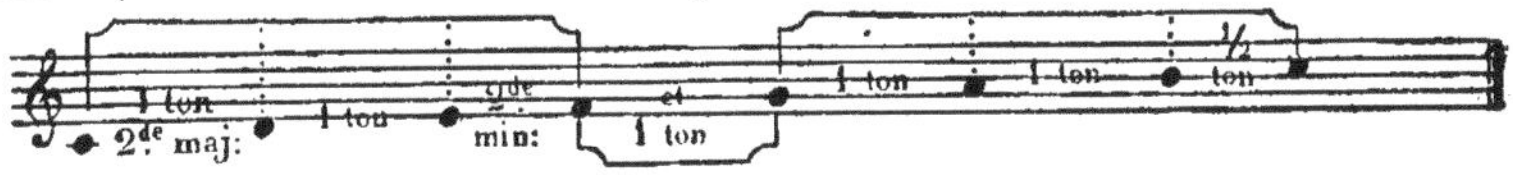

Chacune de ces parties est ce qu'on appelle un *Tétracorde (suite de 4 sons marchant par degrés conjoints)* La gamme est donc formée de deux tétracordes égaux séparés par l'intervalle d'un ton.

L'ACCORD PARFAIT.

Le 1er, le 3e et le 5e degrés exécutés ensemble forment *l'accord parfait*

TONIQUE, MÉDIANTE, DOMINANTE.

On appelle *Tonique* le 1er degré de la gamme, le 3e s'appelle *Médiante* et le 5me *Dominante.* Ces noms sont relatifs au rôle que remplit chacun de ces degrés dans *l'accord parfait.*

Ex: 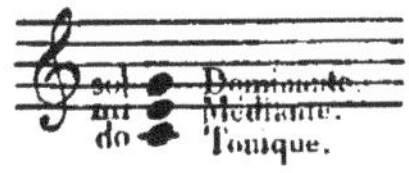

SUS-TONIQUE, SOUS-DOMINANTE, SUS-DOMINANTE et SENSIBLE.

Le 2e degré s'appelle *Sus-tonique*, le 4e *Sous-dominante*, le 6e *Sus-dominante*, le 7e degré s'appelle *Sensible (ou note sensible)* parcequ'il fait pressentir, désirer le 8e son dont il n'est séparé que par un demi-ton.

Ex: 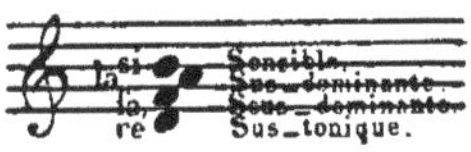

INTERVALLES MAJEURS et MINEURS.

D'après ce qui a été dit sur l'inégalité des secondes, (P. 6) on sait que les 8 sons qui forment la gamme ne sont pas séparés entre eux par une distance égale; d'où il résulte que les intervalles, de même nom, sont de deux espèces et reçoivent la qualification de *majeur* ou de *mineur* suivant le nombre de tons et de demi-tons qu'ils contiennent.

L'intervalle majeur a toujours un demi-ton de plus que l'intervalle mineur.

Ex: 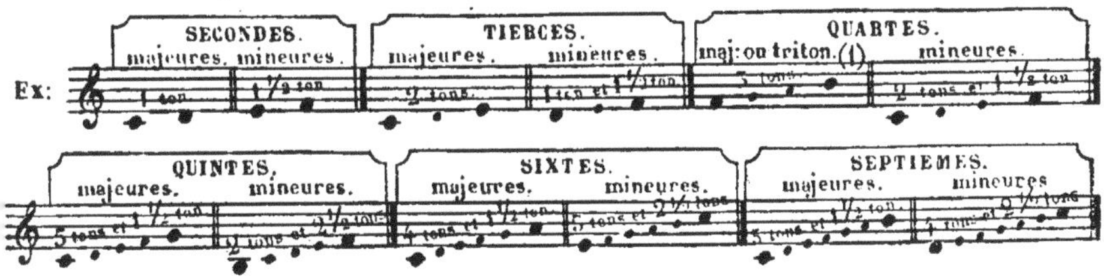

OCTAVES

Toutes les *Octaves* sont égales, elles contiennent chacune 5 tons et 2 demi-tons

INTERVALLES SIMPLES, INTERVALLES REDOUBLÉS.

Les intervalles qui ne dépassent pas l'étendue de l'octave se nomment: *Intervalles simples.* Les intervalles qui dépassent l'étendue de l'octave se nomment: *Intervalles redoublés.*

Ex: 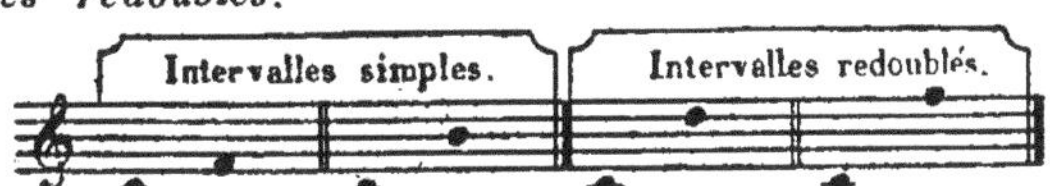

(1) La quarte majeure qui se compose de trois tons a reçu le nom de *Triton*

LA DOUBLE BARRE.

La double barre ‖ se met à la fin de chaque exercice.

EXERCICES D'INTONATION. (1)

1re SÉRIE.

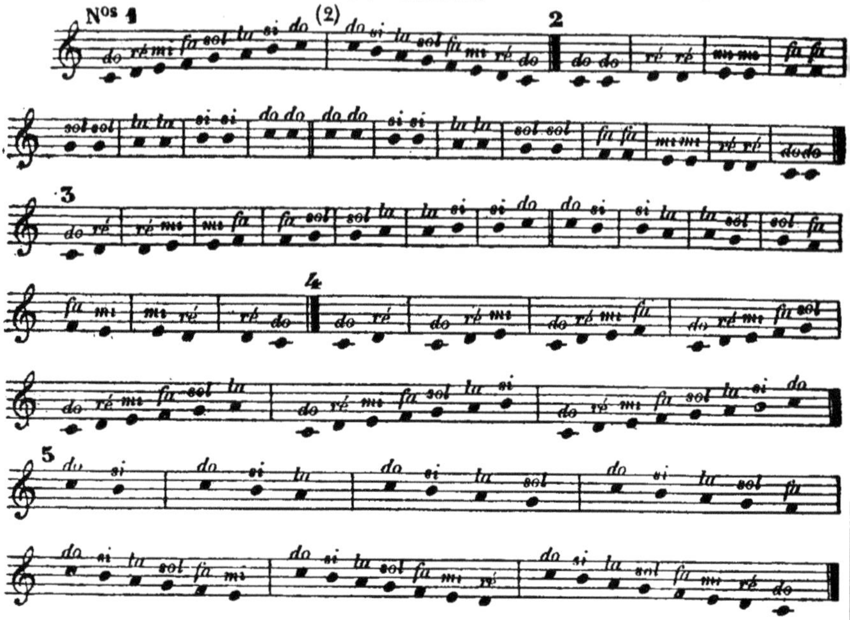

(1) L'étude au tableau noir étant très bonne, le professeur pourra faire travailler tous les exercices d'intonation contenus dans cette méthode sur la suite des notes ci-dessous, ce qui lui permettra d'ajouter de nouvelles combinaisons à celles que nous donnons.

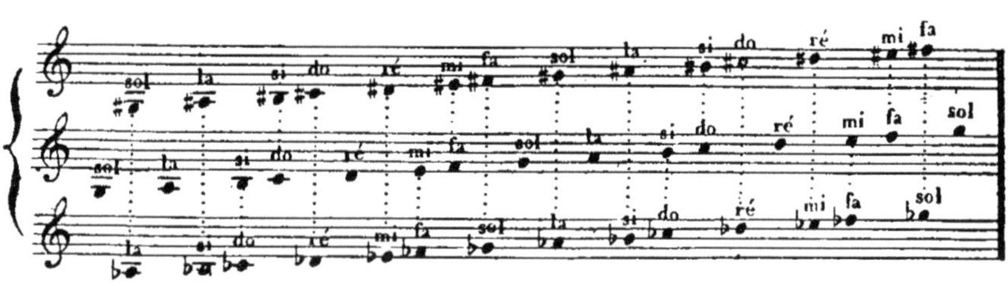

(2) **NOTA.** *Dans les exercices d'intonation la barre verticale qui traverse la portée indiquera un repos. Elle doit faire l'effet de la virgule dans le discours. — Ne passer d'un exercice à un autre que lorsque le précédent est bien su. — Habituer les élèves à chanter isolément. — Les habituer aussi dès la première leçon à bien prononcer le nom des notes à les chanter juste et sans crier. — Ne pas craindre de laisser apprendre par cœur les exercices d'intonation. — Lorsque chacun des excercices d'une série aura été travaillé séparément et sera bien su on terminera l'étude en faisant solfier la série dans son ensemble. — Tous les exercices d'intonation doivent être chantés lentement d'abord.*

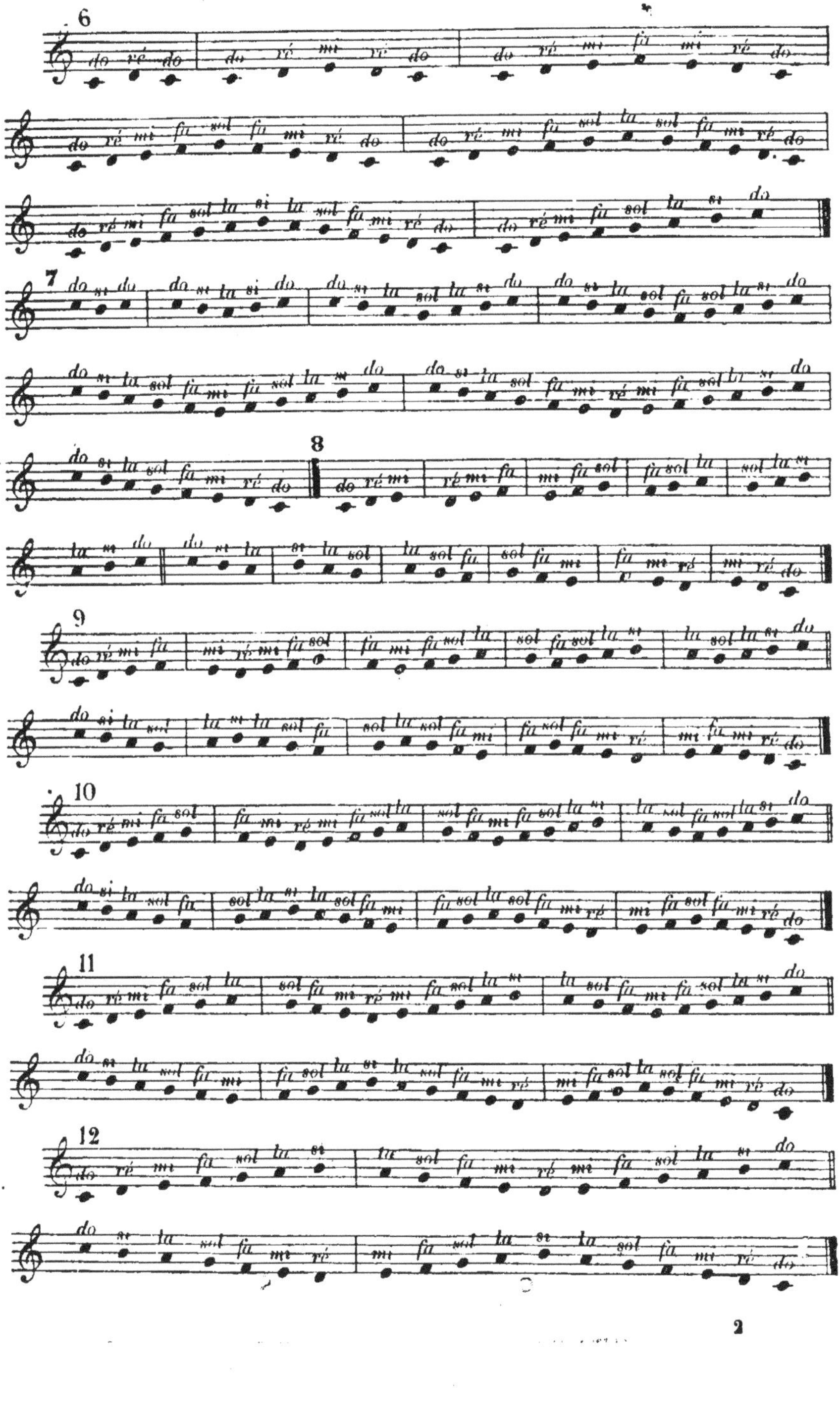
6
do ré do | do ré mi ré do | do ré mi fa mi ré do
do ré mi fa sol fa mi ré do | do ré mi fa sol la sol fa mi ré do
do ré mi fa sol la si la sol fa mi ré do | do ré mi fa sol la si do
7
do si do | do si la si do | do si la sol la si do | do si la sol fa sol la si do
do si la sol fa mi fa sol la si do | do si la sol fa mi ré mi fa sol la si do
do si la sol fa mi ré do
8
do ré mi | ré mi fa | mi fa sol | fa sol la | sol la si
la si do | do si la | si la sol | la sol fa | sol fa mi | fa mi ré | mi ré do
9
do ré mi fa | mi ré mi fa sol | fa mi fa sol la | sol fa sol la si | la sol la si do
do si la sol | la si la sol fa | sol la sol fa mi | fa sol fa mi ré | mi fa mi ré do
10
do ré mi fa sol | fa mi ré mi fa sol la | sol fa mi fa sol la si | la sol fa sol la si do
do si la sol fa | sol la si la sol fa mi | fa sol la sol fa mi ré | mi fa sol fa mi ré do
11
do ré mi fa sol la | sol fa mi ré mi fa sol la si | la sol fa mi fa sol la si do
do si la sol fa mi | fa sol la si la sol fa mi ré | mi fa sol la sol fa mi ré do
12
do ré mi fa sol la si | la sol fa mi ré mi fa sol la si do
do si la sol fa mi ré | mi fa sol la si la sol fa mi ré do

2me SÉRIE.

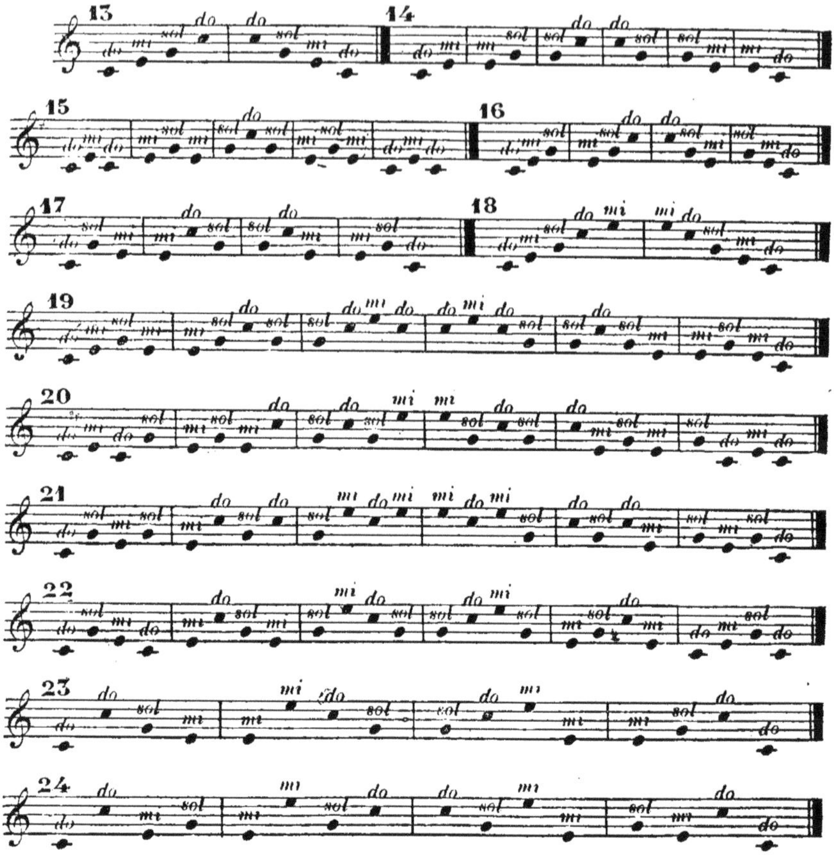

3me SÉRIE.

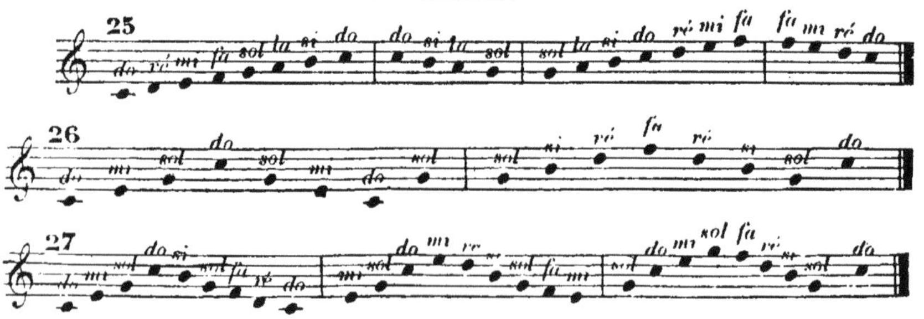

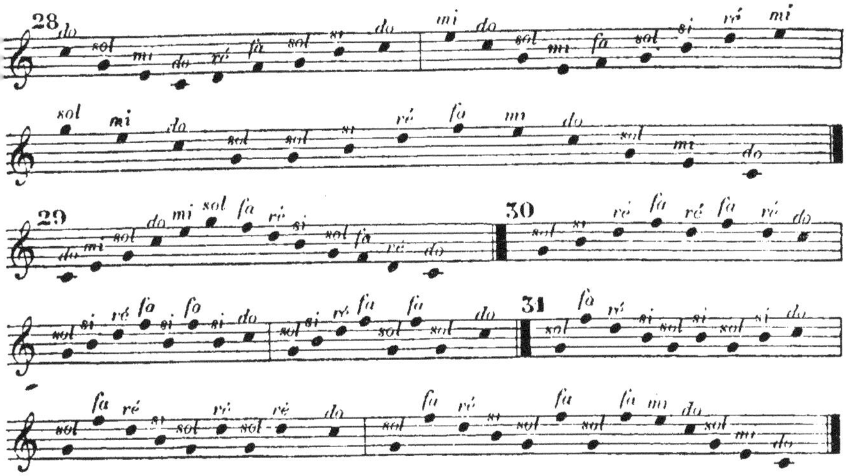

4me SÉRIE.

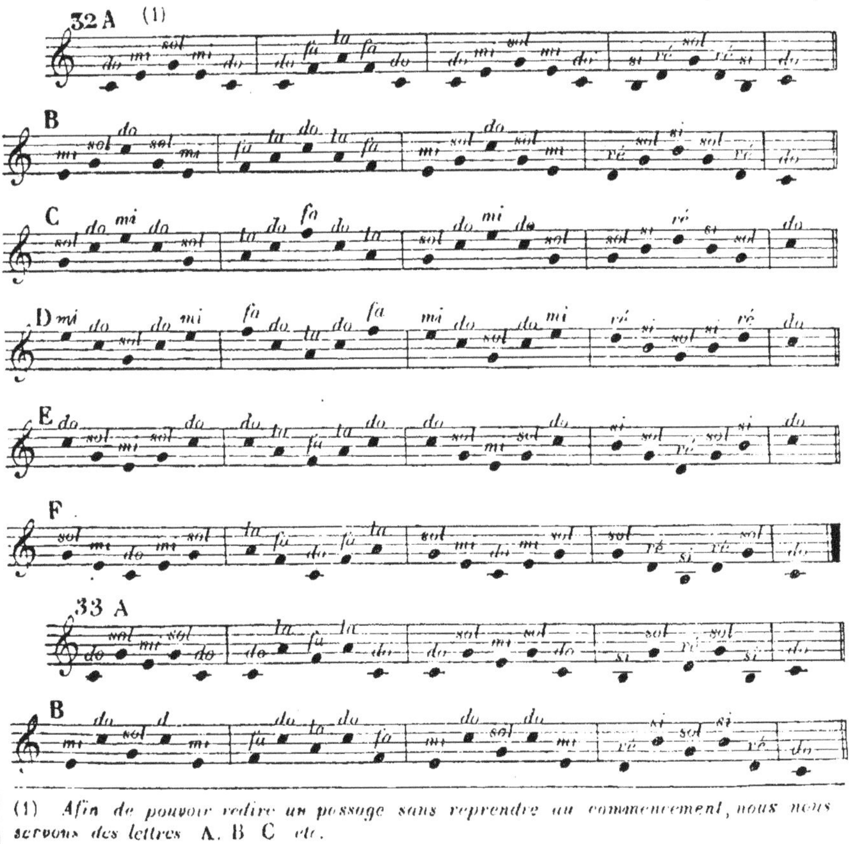

(1) *Afin de pouvoir redire un passage sans reprendre au commencement, nous nous servons des lettres* A. B. C. *etc.*

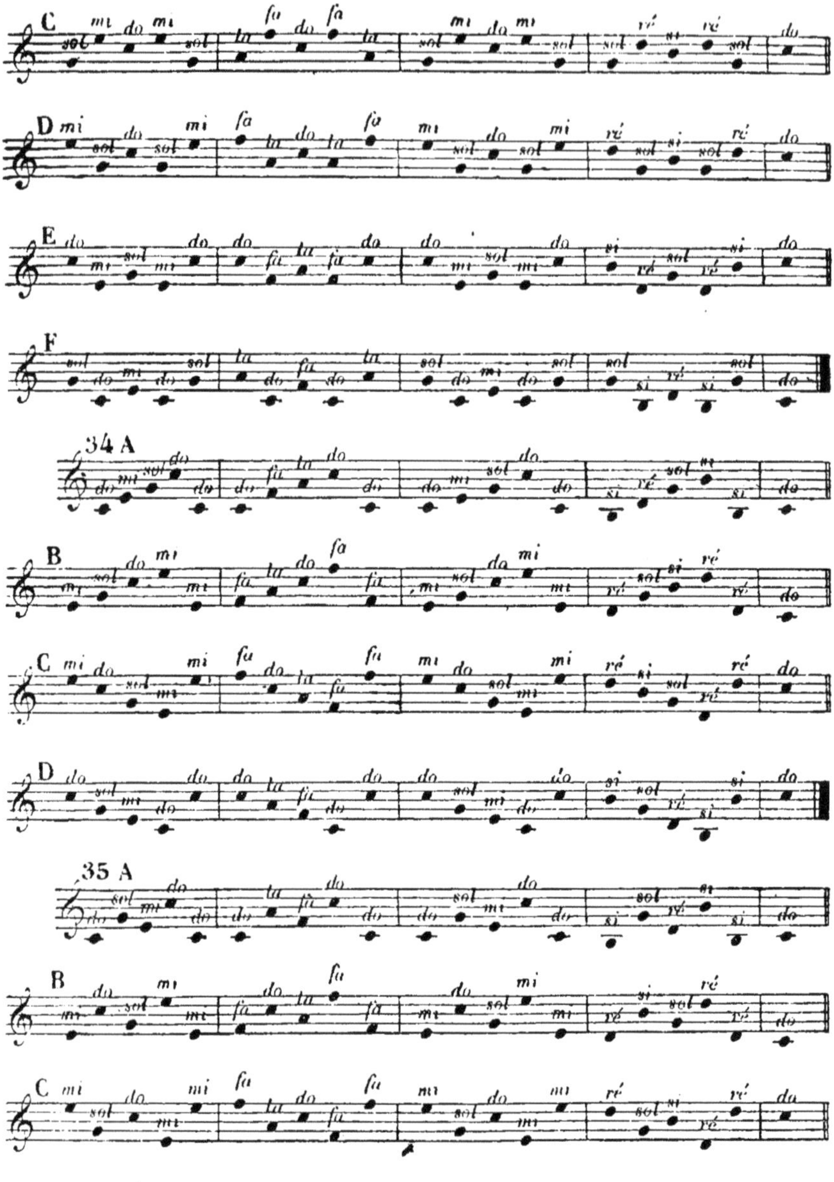
C
D
E
F
34 A
B
C
D
35 A
B
C
D

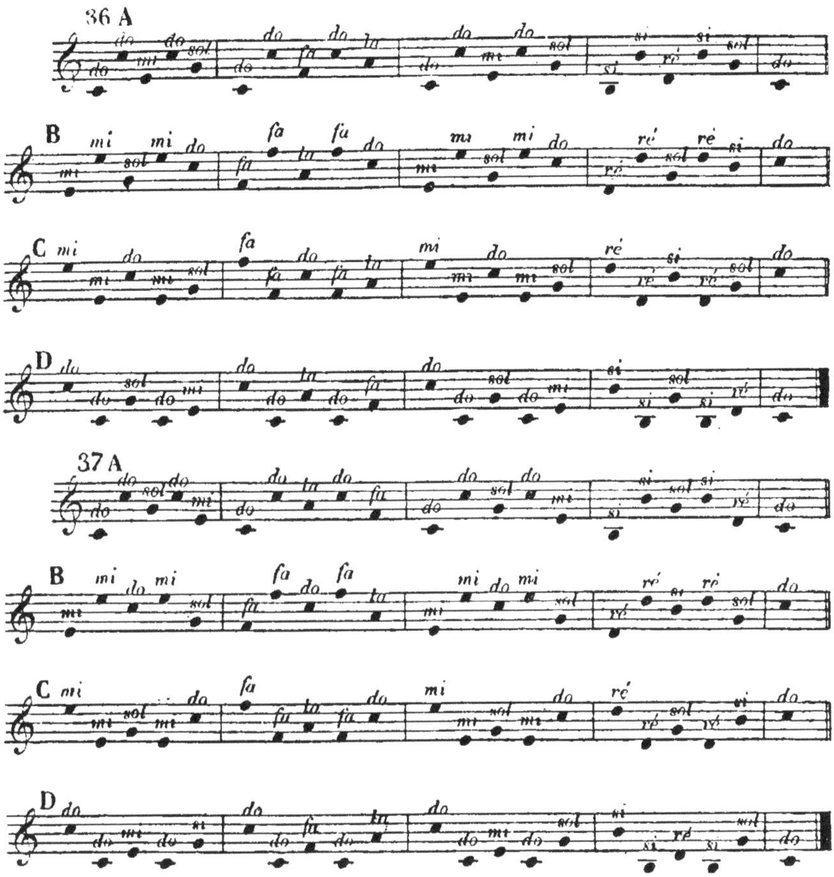

5me SÉRIE.

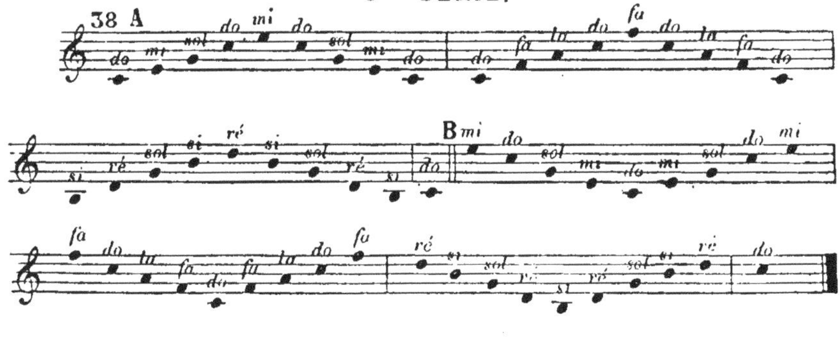

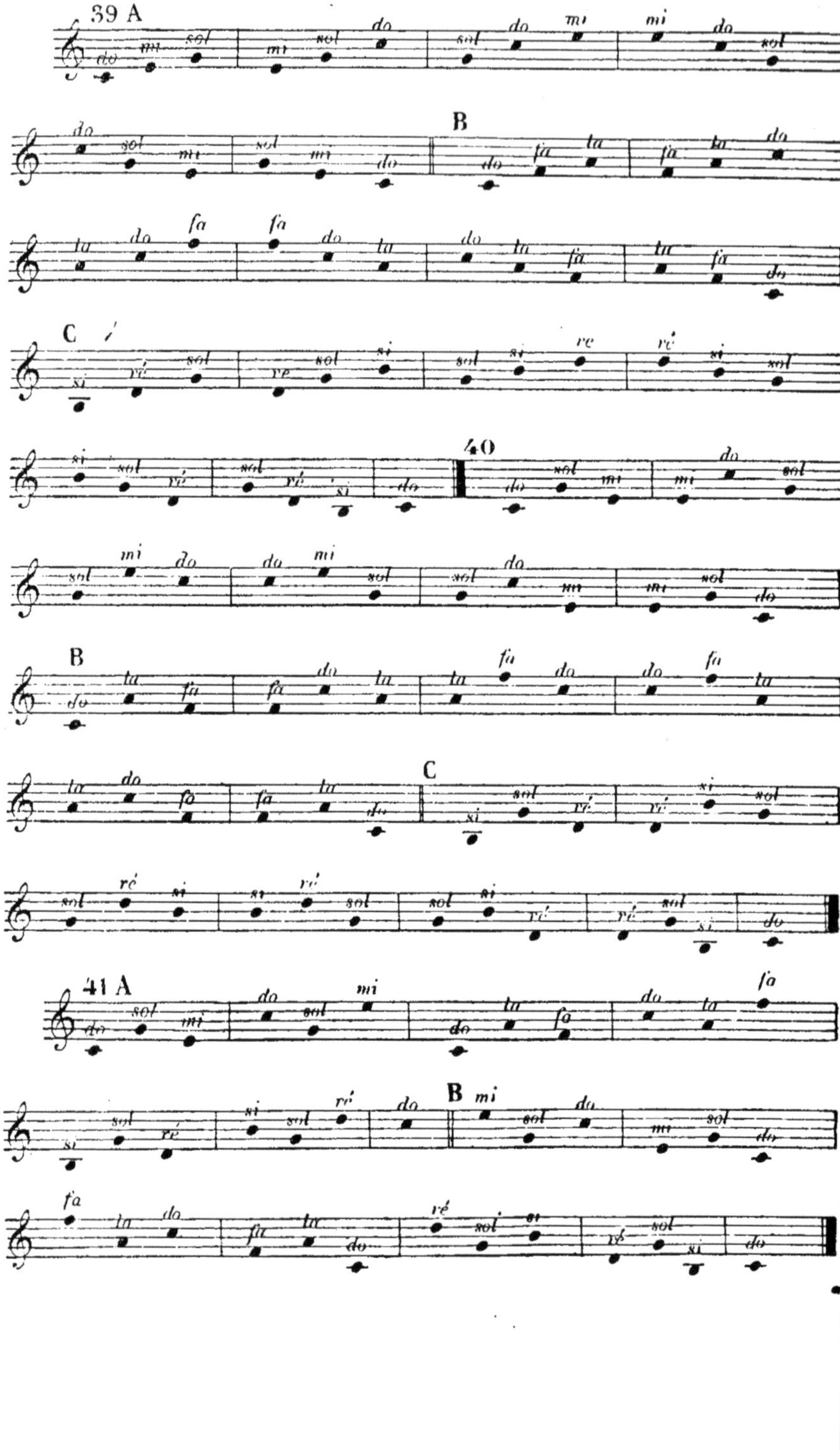
39 A
do mi sol mi sol do sol do mi mi do sol
do sol mi sol mi do
B
do fa la fa la do
la do fa fa do la do la fa la fa do
C
si ré sol ré sol si sol si ré ré si sol
si sol ré sol ré si do
40
do sol mi mi do sol
sol mi do do mi sol sol do mi mi sol do
B
do la fa fa do la la fa do do fa la
la do fa fa la do
C
si sol ré ré si sol
sol ré si si ré sol sol si ré ré sol si do
41 A
do sol mi do sol mi do la fa do la fa
si sol ré si sol ré do
B
mi sol do mi sol do
fa la do fa la do ré sol si ré sol si do

6me SÉRIE.

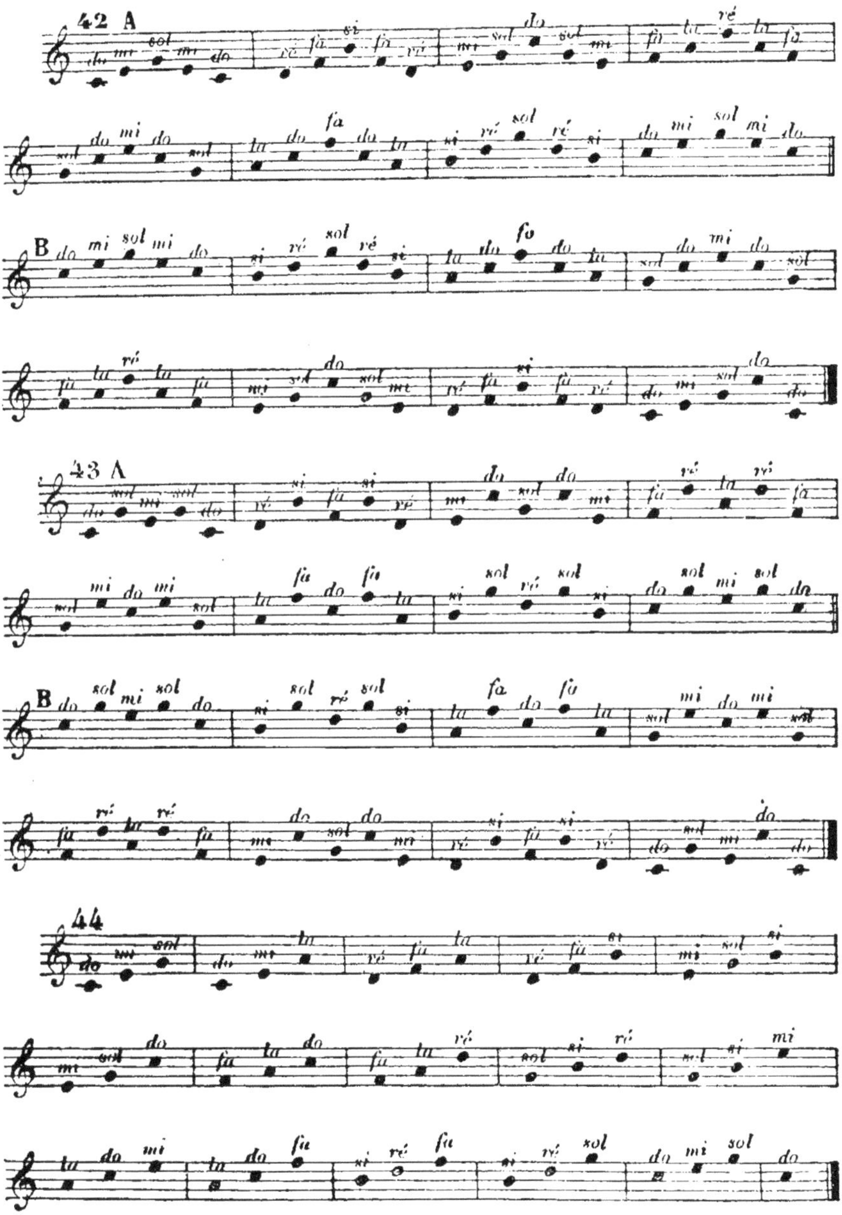

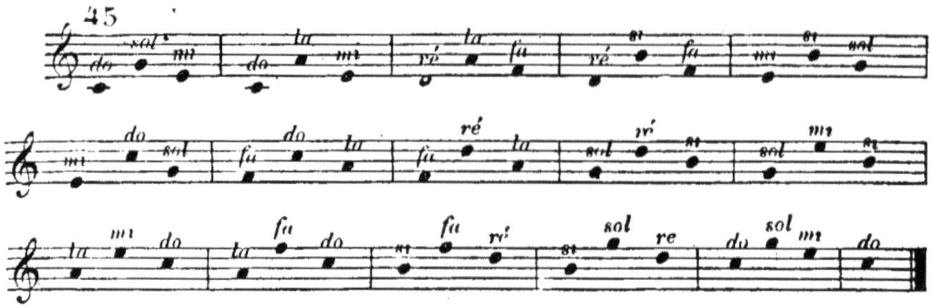
45
do sol mi | do la mi | ré la fa | ré si fa | mi si sol
mi do sol | fa do la | fa ré la | sol ré si | sol mi si
la mi do | la fa do | si fa ré | si sol re | do sol mi | do

7.me SÉRIE.

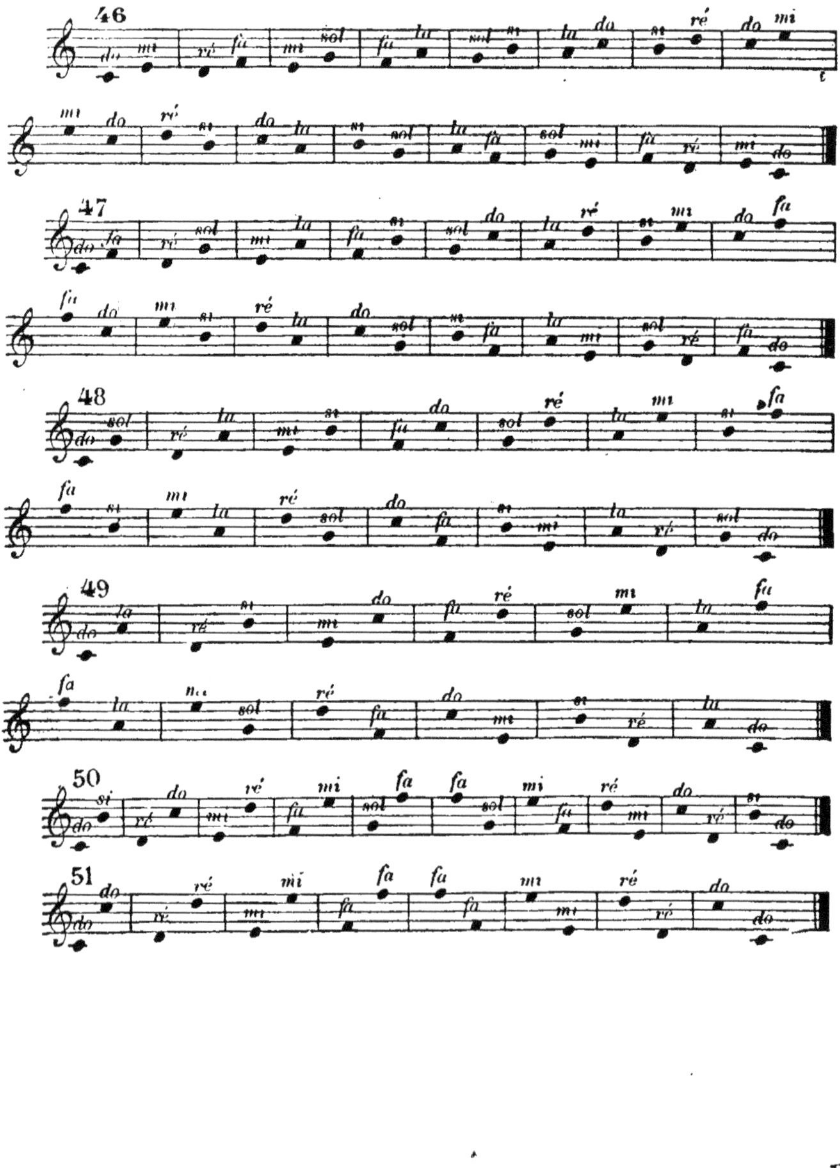
46
do mi | ré fa | mi sol | fa la | sol si | la do | si ré | do mi
mi do | ré si | do la | si sol | la fa | sol mi | fa ré | mi do
47
do fa | ré sol | mi la | fa si | sol do | la ré | si mi | do fa
fa do | mi si | ré la | do sol | si fa | la mi | sol ré | fa do
48
do sol | ré la | mi si | fa do | sol ré | la mi | si fa
fa si | mi la | ré sol | do fa | si mi | la ré | sol do
49
do la | ré si | mi do | fa ré | sol mi | la fa
fa la | mi sol | ré fa | do mi | si ré | la do
50
do si | ré do | mi ré | fa mi | sol fa | fa sol | mi fa | ré mi | do ré | si do
51
do do | ré ré | mi mi | fa fa | fa fa | mi mi | ré ré | do do

DE LA MESURE

LES TEMPS.

Si on suppose le temps partagé en parties égales assez courtes pour que l'égalité en soit appréciable à l'oreille, chacune de ces parties prend elle-même le nom de *Temps*.

LE MOUVEMENT

Les temps peuvent se succéder avec plus ou moins de rapidité ou de lenteur. Ce degré de rapidité ou de lenteur est ce qu'on appelle le *Mouvement*.

Le mouvement s'indique par des mots italiens placés en tête du morceau.

VOICI LES PRINCIPAUX:

Largo / Lento .... *Très lent.*
Adagio / Larghetto .... *Lent.*
Andante .... *Posément.*
Andantino / Moderato .... *Un peu moins lent qu'Andante.*
Allegretto .... *Moins vif qu'Allegro.*
Allegro .... *Vif.*
Presto / Prestissimo .... *Très vif.*

On trouve souvent dans le courant d'un morceau les mots suivants:

Ritardando ou Rit: / Rallentando ou Rall: .... *En rallentissant.*
A tempo. / Tempo 1° .... *Reprendre le 1er Mouvement.*
Piu animato .... *Plus animé.*
Piu vivo poco a poco .... *Plus vite peu a peu.*
Piu lento .... *Plus lent.*
Ad libitum ou Ad lib .... *A volonté.*

DU RHYTHME, TEMPS FORT, LA MESURE.

Le mot *rhythme* en musique s'emploie pour désigner le retour périodique de certaines combinaisons de durées. Le rhythme est l'harmonie dans le mouvement. Il se caractérise par un temps plus accentué que les autres, qui apparaît à intervalles réguliers dans le discours musical et qu'on nomme *temps fort*.

Si le *temps fort* se présente de 2 en 2 ou de 3 en 3 temps, la *mesure* est à 2 ou 3 temps.

BARRES DE MESURE.

Dans l'écriture musicale on sépare les mesures par des barres verticales placées devant le temps fort et qu'on appelle *Barres de mesure*.

On marque les temps de la mesure par des mouvements de la main, c'est ce qu'on appelle *battre la mesure*.

FIGURES DE DURÉES DES SONS.

Pour représenter les différentes durées des sons, on donne aux notes les figures suivantes:

La Ronde (1)…………	𝅝 — qu'on prend pour unité de durée	—	1
La Blanche…………	𝅗𝅥 — qui vaut la moitié de…………	𝅝 —	$\frac{1}{2}$
La Noire…………	♩ — ………… un quart de…………	𝅝 —	$\frac{1}{4}$
La Croche…………	♪ — ………… un huitième de…………	𝅝 —	$\frac{1}{8}$
La Double-croche………	𝅘𝅥𝅯 — ………… un seizième de…………	𝅝 —	$\frac{1}{16}$
La Triple-croche………	𝅘𝅥𝅰 — ………… un trente-deuxième de…	𝅝 —	$\frac{1}{32}$
La Quadruple-croche…	𝅘𝅥𝅱 — ………… un soixante-quatrième de	𝅝 —	$\frac{1}{64}$

FIGURES DES DURÉES DES SILENCES

Pour représenter les différentes durées de silence, on emploie les figures suivantes:

La Pause…………………	𝄻 — ………… qui correspond à………	𝅝 —	1
La Demi-pause…………	𝄼 — …………………………………	𝅗𝅥 —	$\frac{1}{2}$
Le Soupir (2)…………	𝄽 — …………………………………	♩ —	$\frac{1}{4}$
Le Demi-soupir………	𝄾 — …………………………………	♪ —	$\frac{1}{8}$
Le Quart de soupir……	𝄿 — …………………………………	𝅘𝅥𝅯 —	$\frac{1}{16}$
Le Huitième de soupir	𝅀 — …………………………………	𝅘𝅥𝅰 —	$\frac{1}{32}$
Le Seizième de soupir	𝅁 — …………………………………	𝅘𝅥𝅱 —	$\frac{1}{64}$

(1) *En Allemagne on substitue à ces noms* Ronde, Blanche, Noire, Croche *etc. ceux-ci:* Entier, Demie, Quart, Huitième

(2) *On substitue également à ces noms* Soupir, Demi-soupir, Quart de soupir *etc. ceux ci:* Quart de pause, Huitième de pause, Seizième de pause *etc*

MANIÈRE D'INDIQUER LA MESURE.

Chacune des figures de notes pourrait être employée pour représenter un temps.

On ne se sert cependant que des figures de 𝅗𝅥 ♩ ♪ Suivant qu'on représente le temps par 𝅗𝅥 $\left(\frac{1}{2}\right)$, ♩ $\left(\frac{1}{4}\right)$, ♪ $\left(\frac{1}{8}\right)$.

On indique la mesure à **2** temps par

$\frac{2}{2}$ (*Plus ordinairement*) ¢ ou **2**

$\frac{2}{4}$ (1)

$\frac{2}{8}$ (*Peu usité*)

la mesure à **3** temps par

$\frac{3}{2}$ (*Peu usité*)

$\frac{3}{4}$ ou **3**

$\frac{3}{8}$

la mesure à **4** temps par

$\frac{4}{2}$ (*Peu usité*)

$\frac{4}{4}$ (*Plus ordinairement*) **C** ou **4**

$\frac{4}{8}$ (*Peu usité.*)

On place ces chiffres sur la portée après la clef.

Les mesures les plus usitées sont celles ou le temps est représenté par ♩ $\left(\frac{2}{4}\ \frac{3}{4}\ \frac{4}{4}\right)$ Nous les appellerons mesures simples.

Ces mesures suffisant aux besoins de l'écriture musicale on arrivera sans doute a rejeter complètement, comme inutiles, les mesures doubles: $\frac{2}{2}\ \frac{3}{2}\ \frac{4}{2}$ et les mesures sous doubles: $\frac{2}{8}\ \frac{3}{8}\ \frac{4}{8}$

MESURES A TEMPS BINAIRES.

Dans les mesures ci-dessus chaque temps est divisible en deux parties égales. On les appelle *Mesures à temps binaires.*

---

(1) *Au lieu de prononcer suivant l'usage* Trois-deux, Deux-quatre, Trois-huit *etc.* *on devrait dire:* Trois-demies, Deux-quarts, Trois-huitièmes.

ÉTUDE DU RHYTHME.

MESURE A 2 TEMPS. $\left(\frac{2}{4}\right)$

MANIÈRE DE BATTRE LA MESURE A 2 TEMPS.

La mesure à 2 temps se bat ainsi 2 / 1 (1)

1.re SÉRIE.

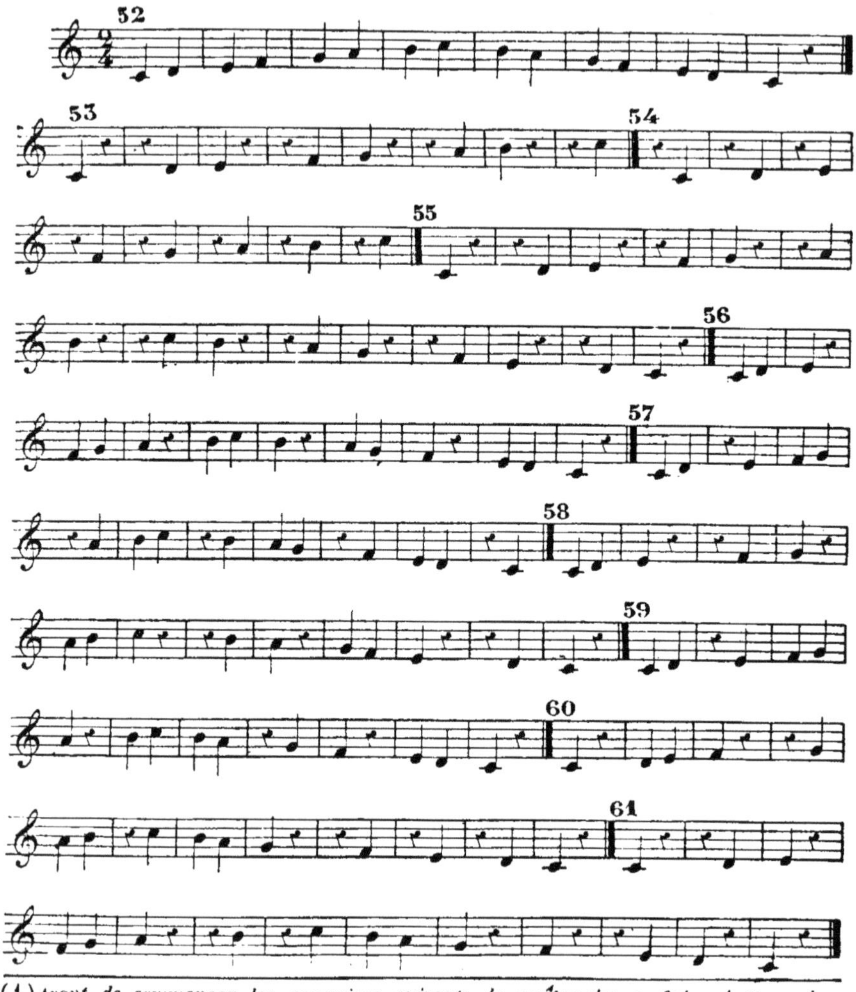

(1) *Avant de commencer les exercices suivants, le maître devra faire battre plusieurs mesures en comptant* un *pour le 1er temps et* deux *pour le second.*

Tous les exercices de Rhythme peuvent être travaillés en chantant ou au moyen d'une simple lecture.

2e. SÉRIE.

LA PAUSE.

La *Pause* ▬ quoique représentant spécialement une durée de silence égale a ronde (O) est cependant employée dans toute espèce de mesure pour représenter un silence d'une mesure.

On la place ordinairement au dessous de la 4e ligne de la portée Ex:

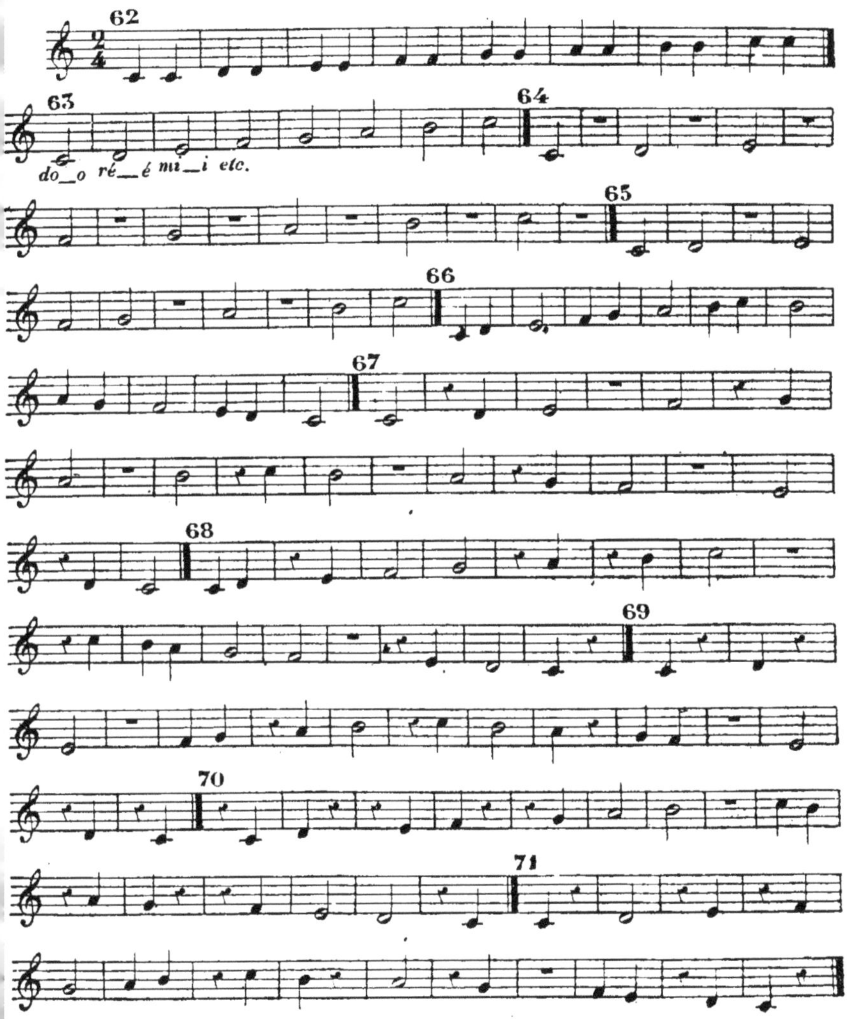

3me. SÉRIE.

LA LIAISON.

La *Liaison* ⌒ ou ‿ placée au dessus ou au dessous de deux notes à l'unissons indique que la 2e n'est qu'une prolongation de la 1re et ne doit pas être articulée.

TEMPS FORT.

D'après ce qui a été dit plus haut (*Page* 17) on sait que le 1er temps de chaque mesure est un *Temps fort.*

TEMPS FAIBLE.

Dans la mesure à 2 temps le 1er temps est donc fort, et le 2e faible.

SYNCOPE.

On appelle *Syncope* un son qui commence sur un *Temps faible* et se continue sur un *Temps fort.* Plusieurs des exercices suivants offrent des exemples de *Syncopes.*

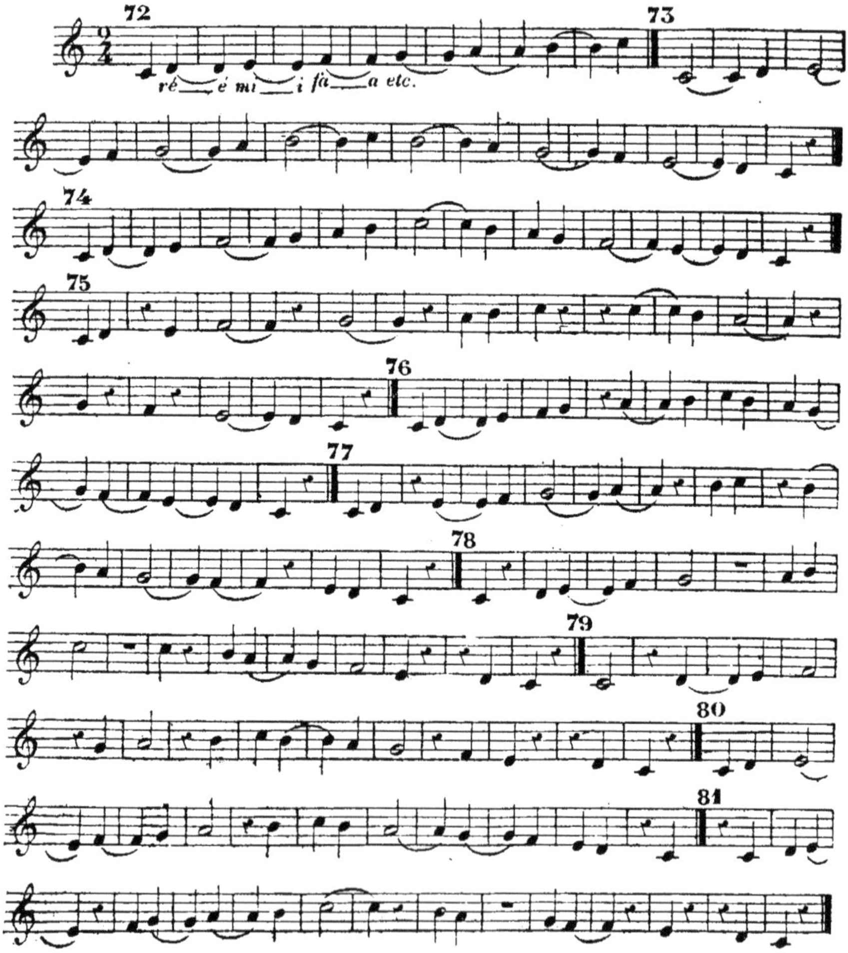

EXERCICES A 2 PARTIES.

BARRE DE REPRISE.

Le signe :‖ qu'on appelle barre de reprise indique qu'on doit retourner au commencement du morceau ou au signe ‖:

CANON.

On appelle *Canon* un morceau de musique à plusieurs parties dans lequel les parties entrent successivement. La 1re partie étant arrivée au signe ★ (1) la 2me prend au commencement pendant que la 1re continue. Chaque partie arrivée à la fin doit retourner au commencement autant de fois qu'on le juge convenable. (*Voyez le* N° 82)

82. 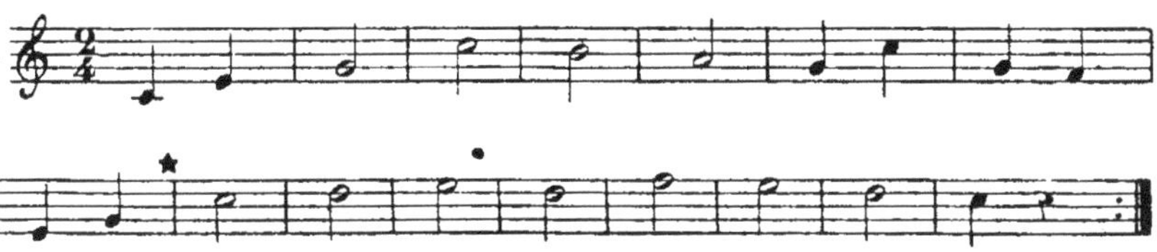

83 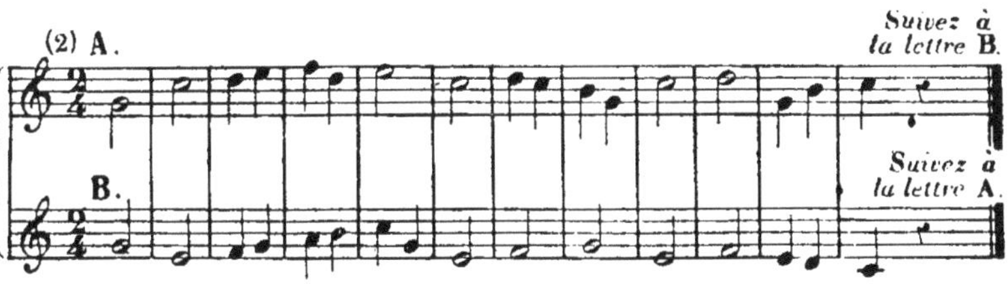

---

(1) *On emploie aussi les lettres* A, B, C, D *ou* 1, 2, 3, 4 *selon que le morceau est écrit à* 2, 3 *ou* 4 *parties.*

(2) *Nous recommandons au professeur de faire travailler par tous les élèves les* 2 *parties des morceaux écrits en partition. Lorsque ces morceaux seront exécutés en* Duo, *il les fera chanter alternativement; la* 1re *partie passant à la seconde ligne, tandis que la seconde partie monte à la première, tel qu'il est indiqué au* N° 83. Cette observation s'applique à tous les duos *de la* 1re *partie*

NOTA. *Nous ne donnons aucune indication de* Mouvement *pour les exercices à* 2 *parties, ces morceaux devant être travaillés d'abord lentement, puis en augmentant progressivement la vitesse. De même que pour les exercices d'intonation et de mesure, ne passer d'un exercice à un autre que lorsque le précédent est bien su et continuer d'habituer les élèves à chanter isolément*

Nous engageons le professeur à faire vocaliser *(chanter sur une voyelle) les leçons qui auront été solfiées. C'est un moyen de faire profiter la voix en même temps que l'esprit et d'habituer les élèves à donner aux notes une résonnance pleine et égale*

Nous conseillerons aussi de terminer chaque leçon par un morceau bien su, afin que les élèves conservent en se séparant le souvenir des notes et de l'intonation. Peut être avons nous mis trop d'exercices sur chaque difficulté; nous laissons à l'intelligence du professeur le soin de n'employer que ce qui lui semblera utile

84

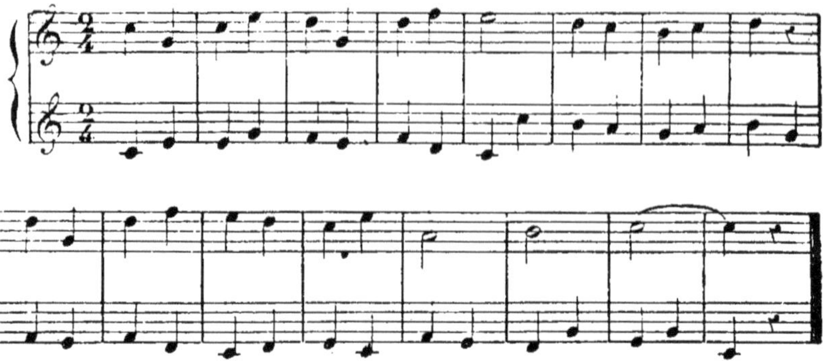

85

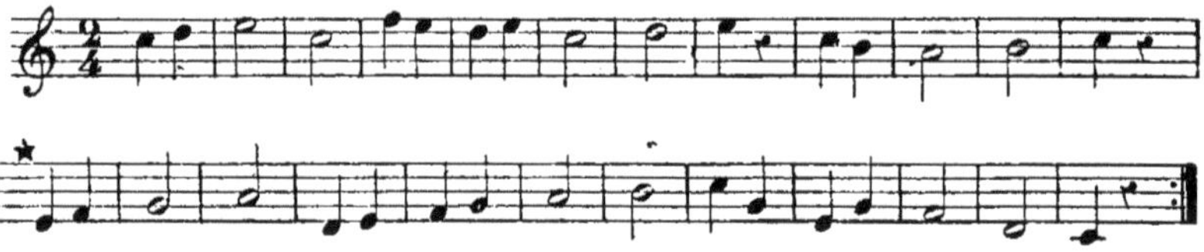

86

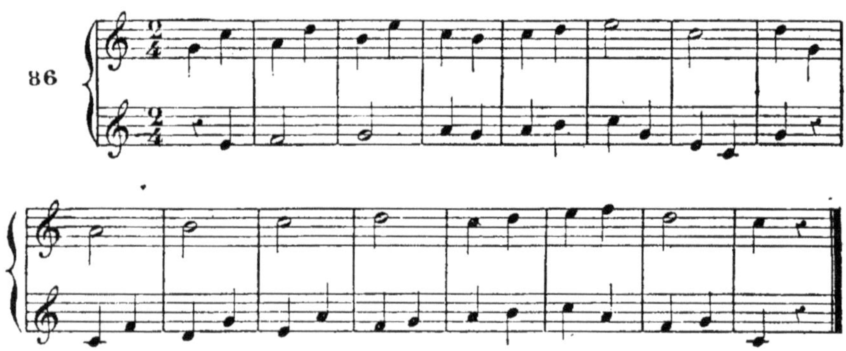

87.

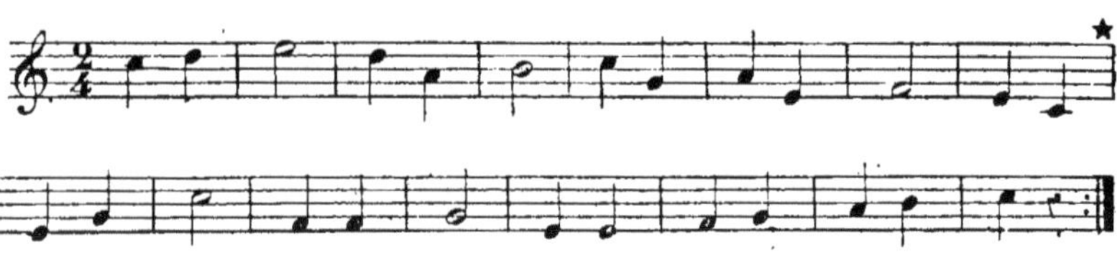

88.

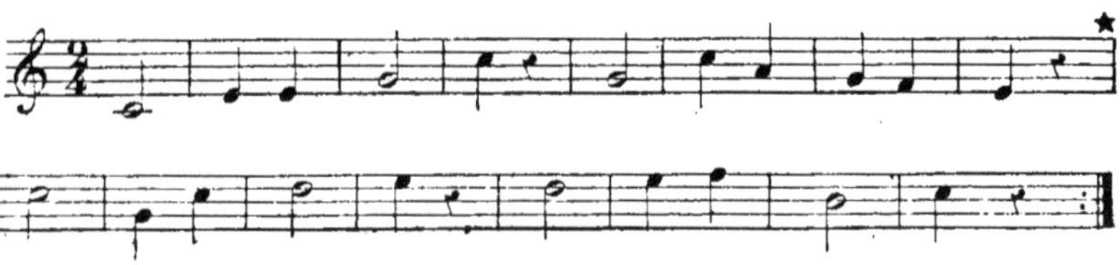

89.

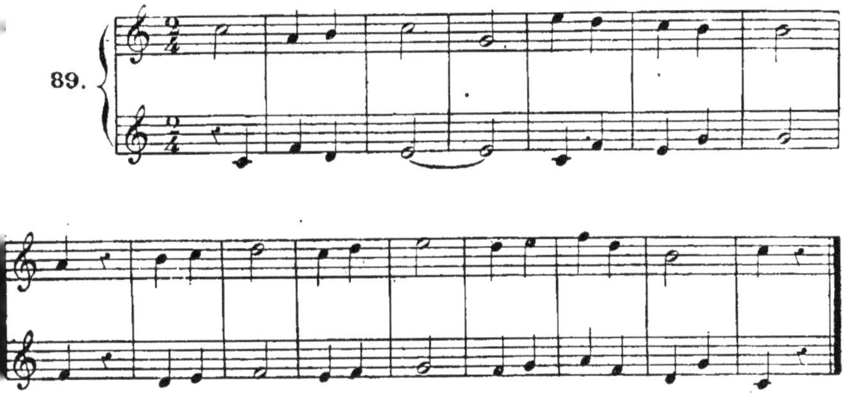

90.

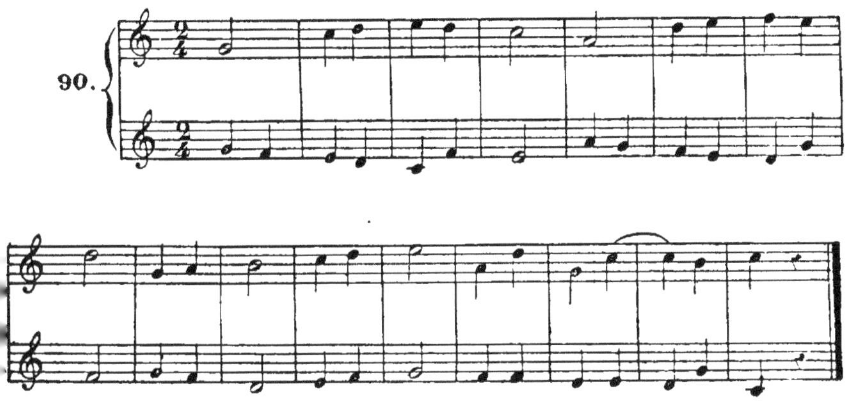

91.

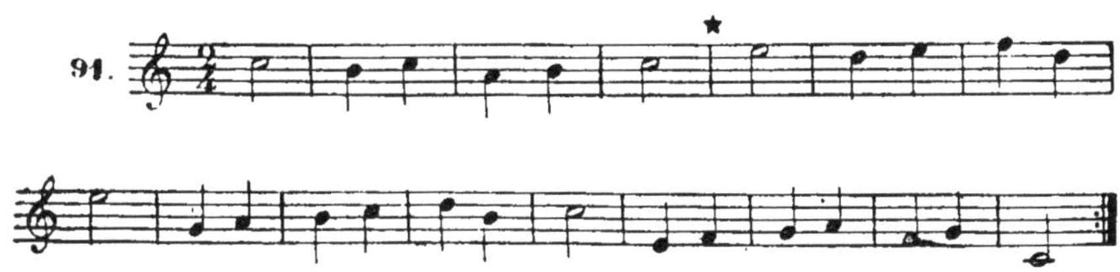

92.

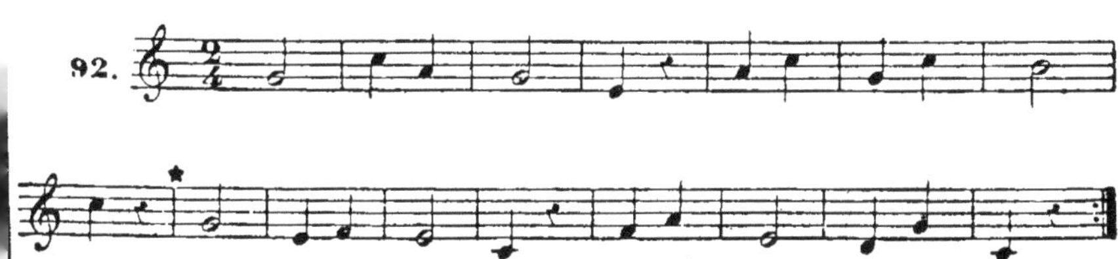

93.

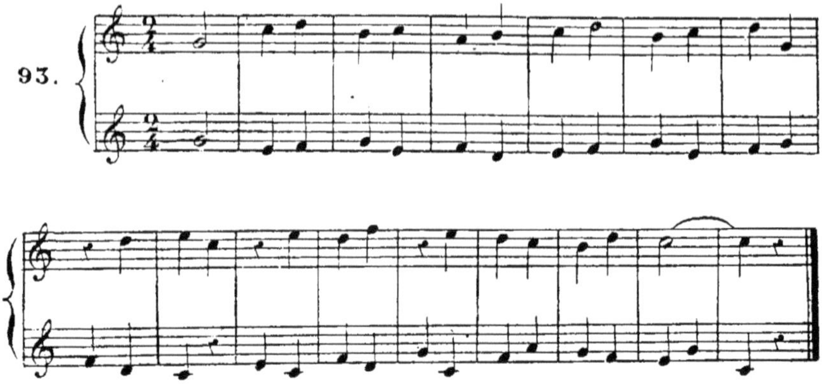

94.

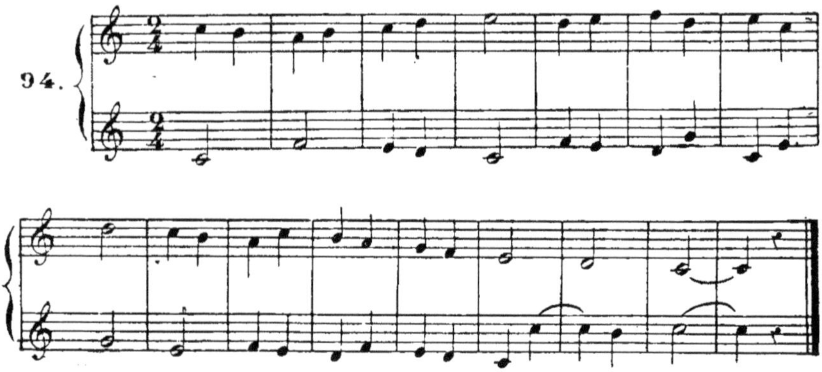

95.

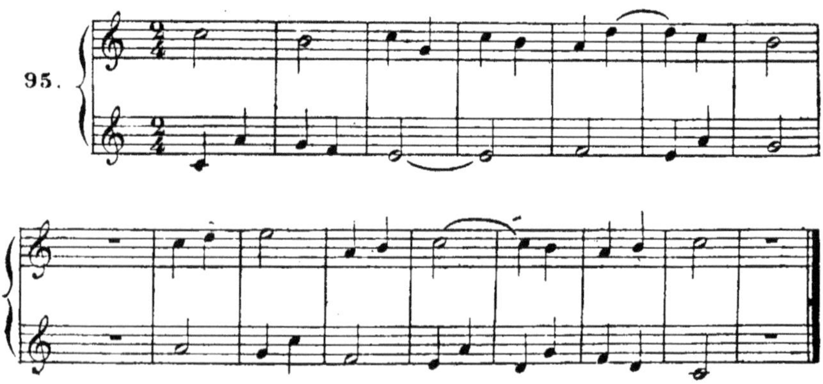

96.

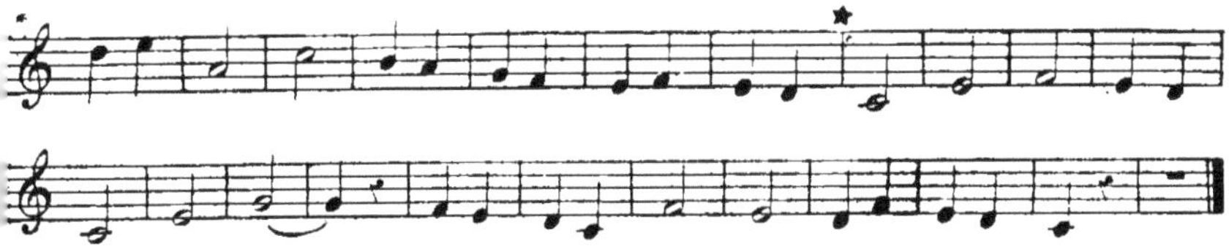

97.

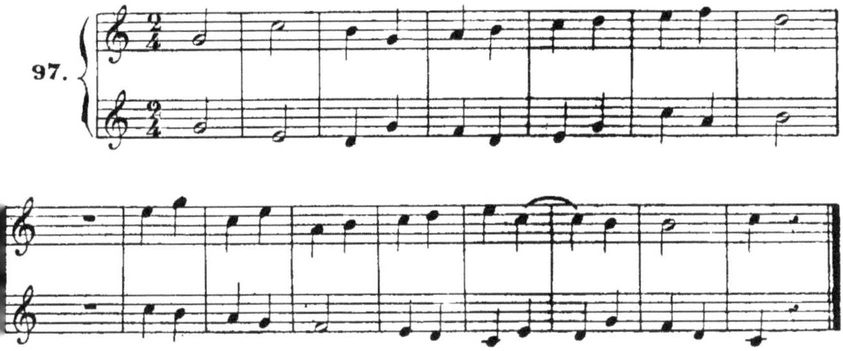

98.

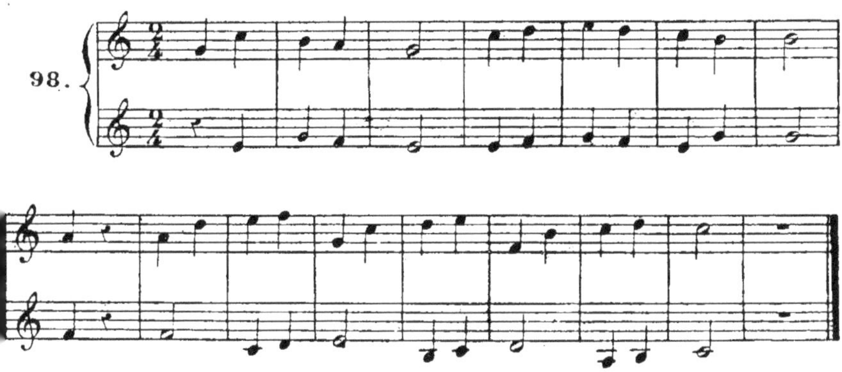

99.

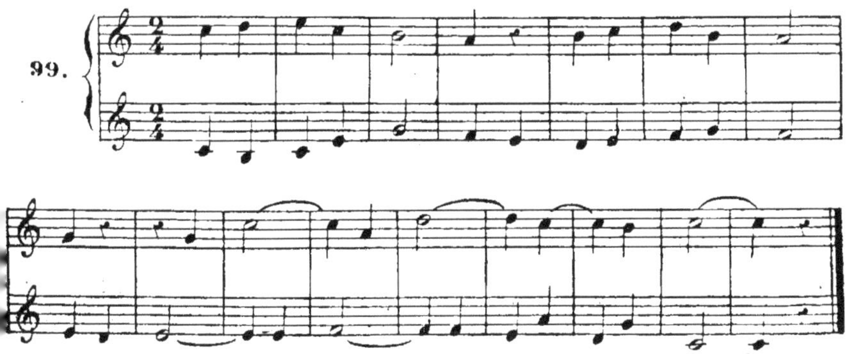

100.

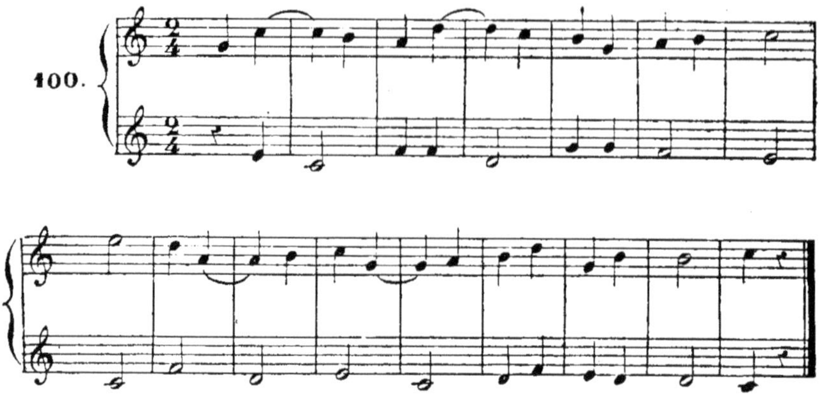

101.

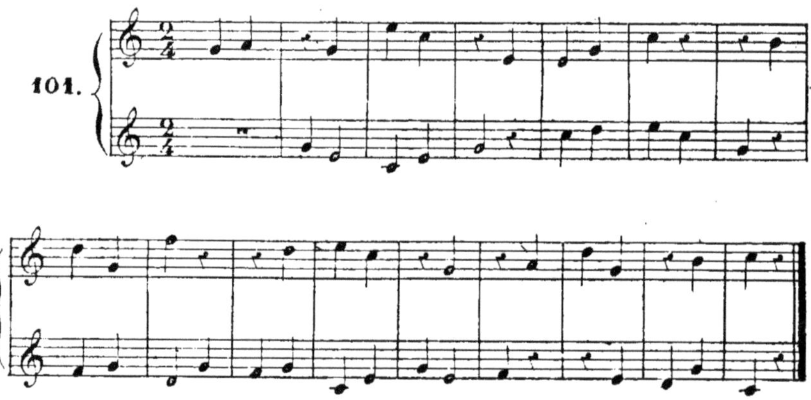

102.

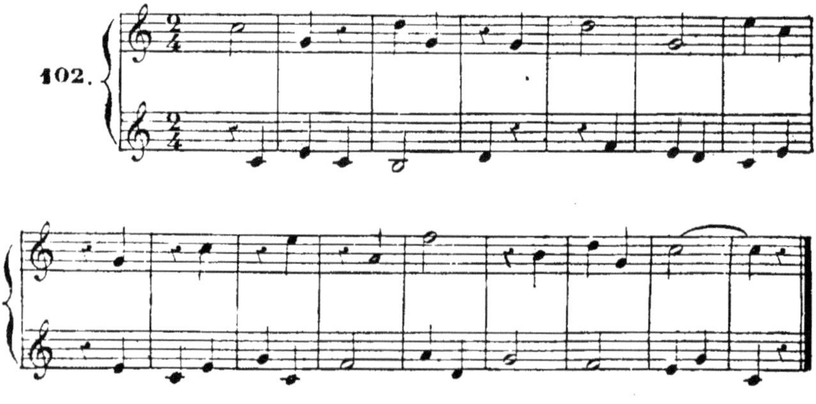

DES NUANCES.

On appelle *Nuances* les différents degrés de force ou de douceur que l'on donne au son.

Les Nuances s'indiquent par des mots italiens dont voici les principaux:

Pianissimo ou *pp* très doux.

Dolce. / Piano ou *p* } doux.

Mezzo forte ou *mf* demi-fort

Crescendo ou cresc: en augmentant de force.

Forte ou *f* fort.

Fortissimo ou *ff* très fort.

{ Decrescendo ou decresc: / Diminuendo ou dim: } En diminuant de force.

{ Aulieu des mots crescendo et diminuendo on emploie souvent ces signes < et >

EXERCICES A TROIS PARTIES.[1]

103. Andante.

1re Partie.

2e Partie.

3e Partie.

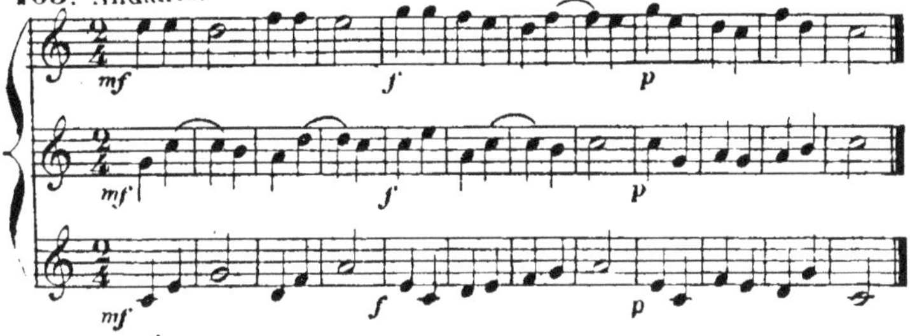

ÉTUDE DU RHYTHME.

MESURE À 3 TEMPS (3/4).

Manière de battre la mesure à trois temps.

La mesure à 3 temps se bat ainsi: 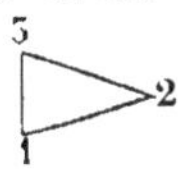 (2)

1re SÉRIE.

104.

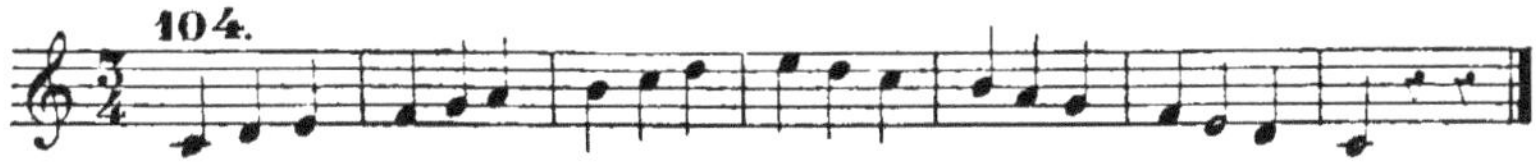

105.

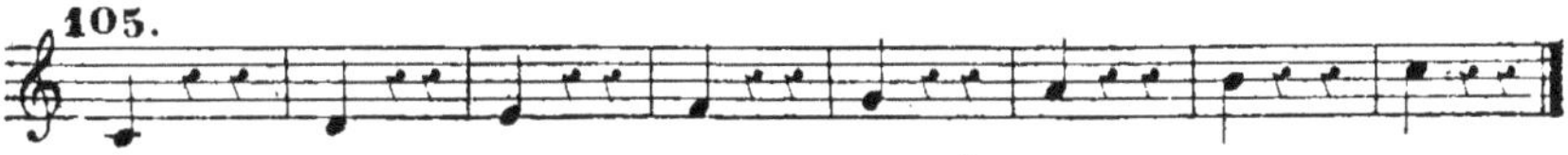

106.

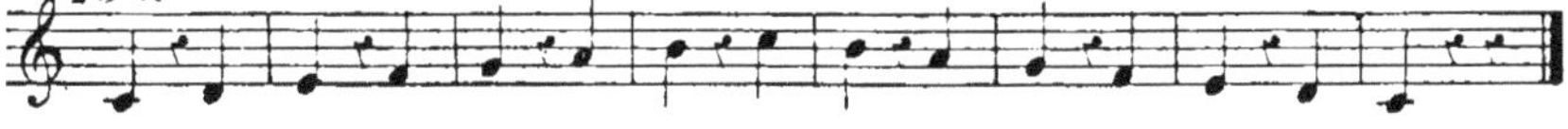

107.

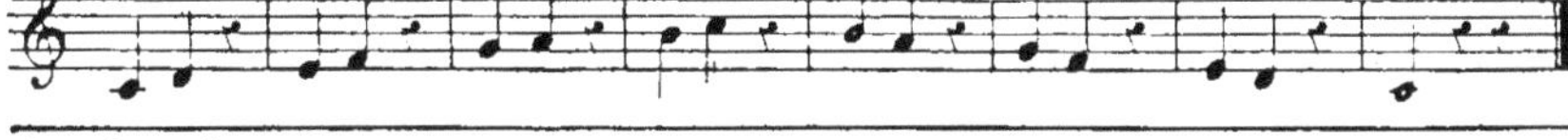

(1) *Pour l'exécution des exercices à 3 parties, on pourrait classer les élèves par genre de voix*

(2) *Faire battre d'abord plusieurs mesures à trois temps*

108.

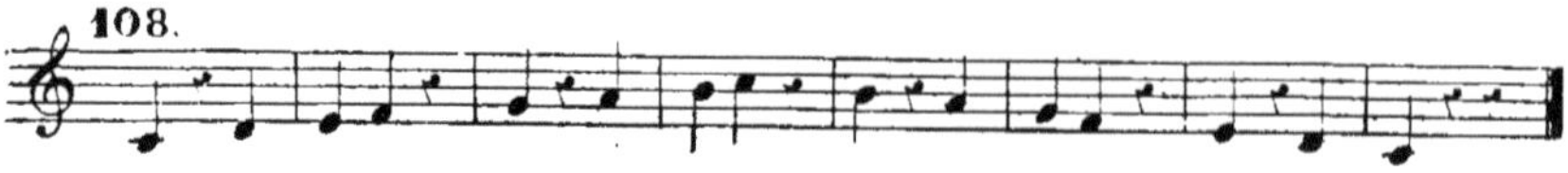

109.

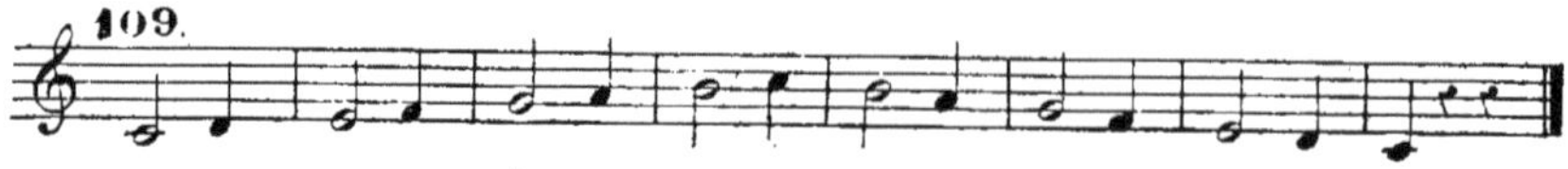

110.

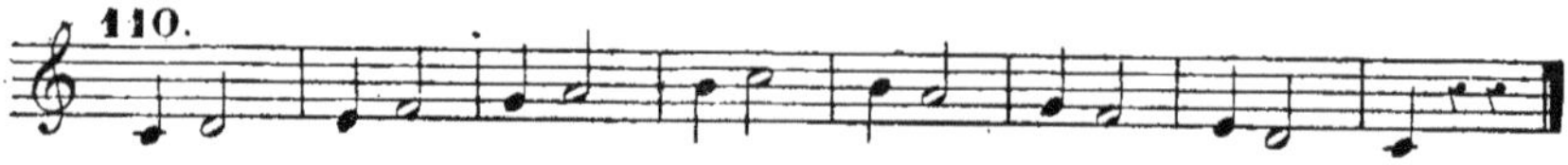

111.

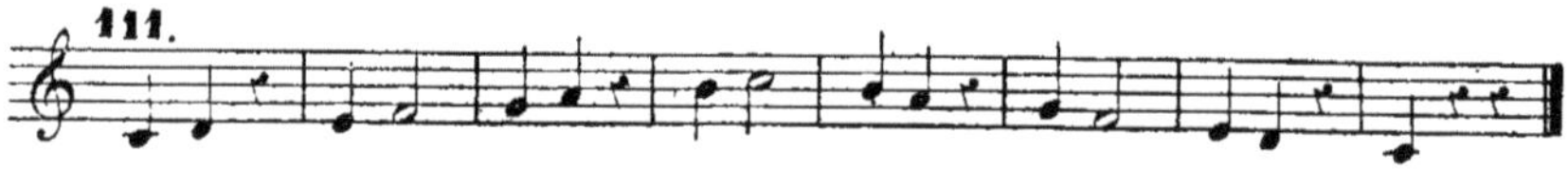

112.

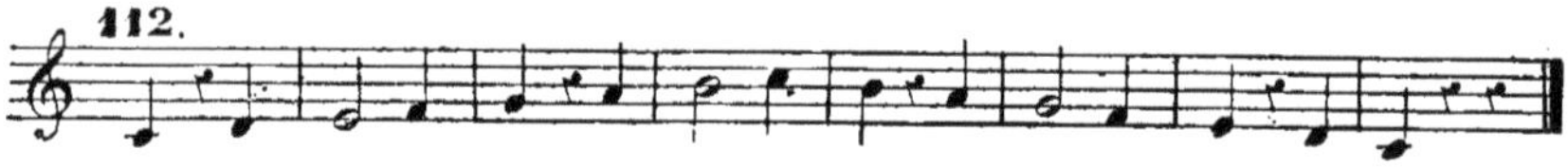

113.

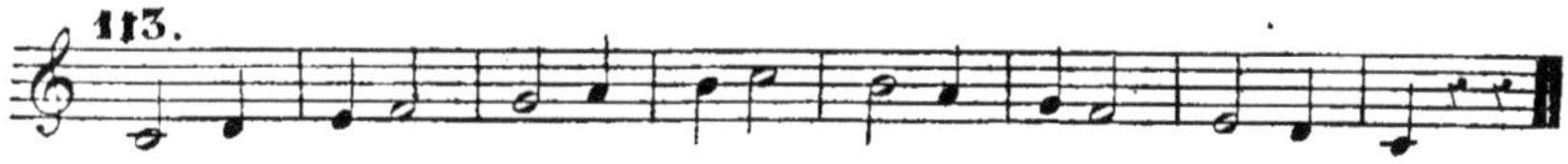

2.me SÉRIE.

LE POINT (•)

Le Point placé après une note, prolonge de moitié, la durée de cette note.

114.

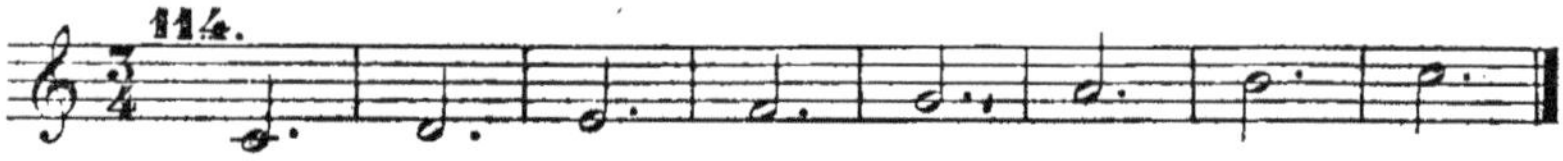

115. 116.

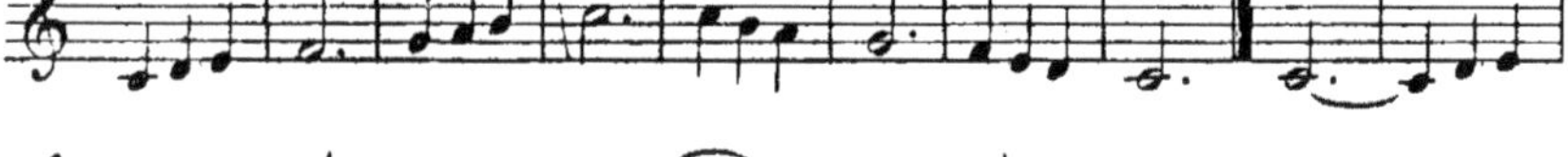

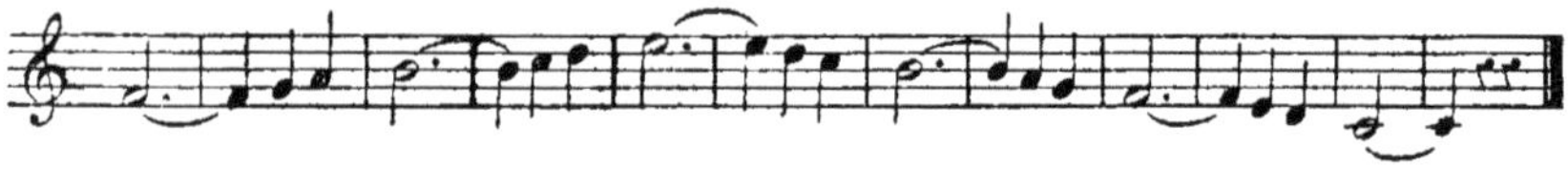

117.

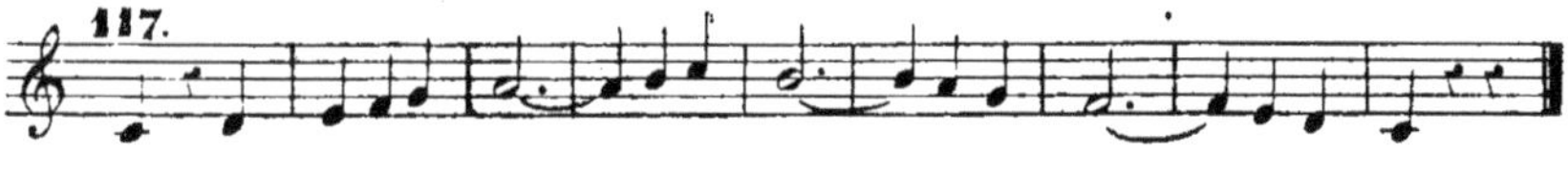

118.

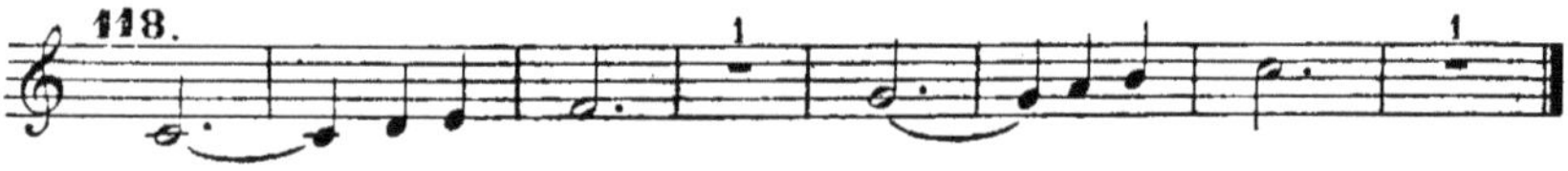

119.

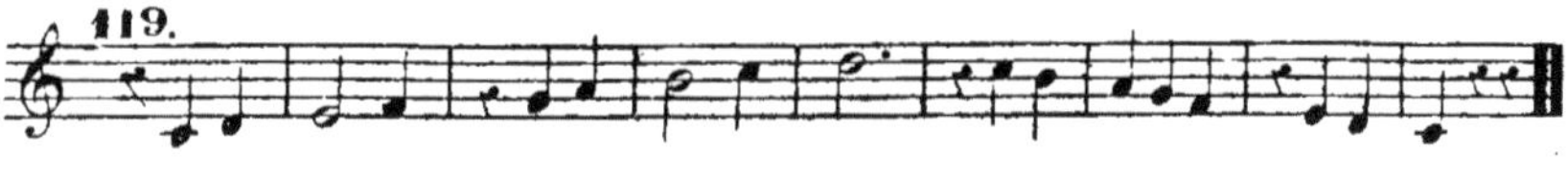

120. 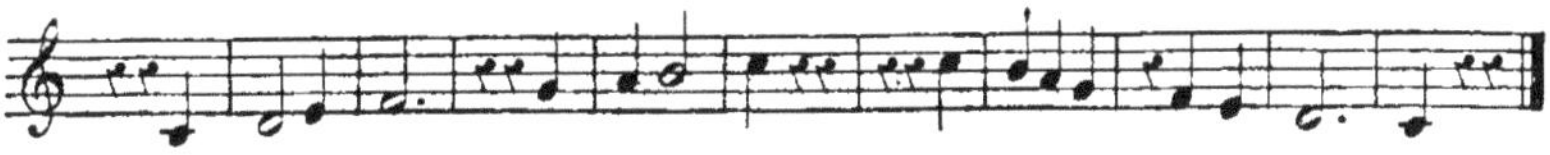

121. 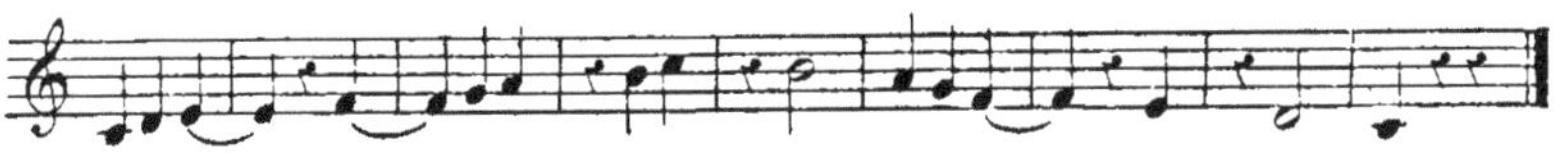

122. 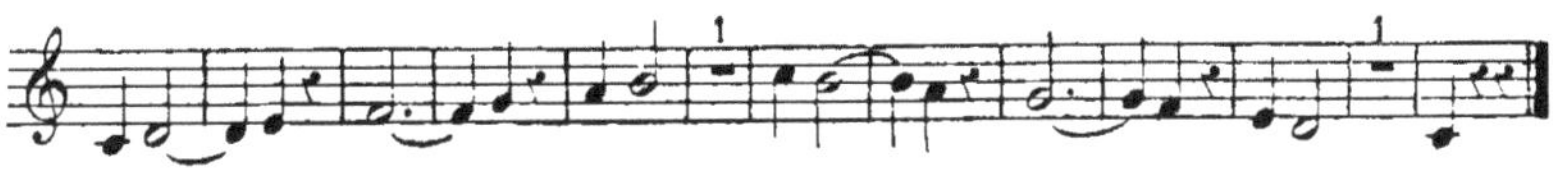

123. 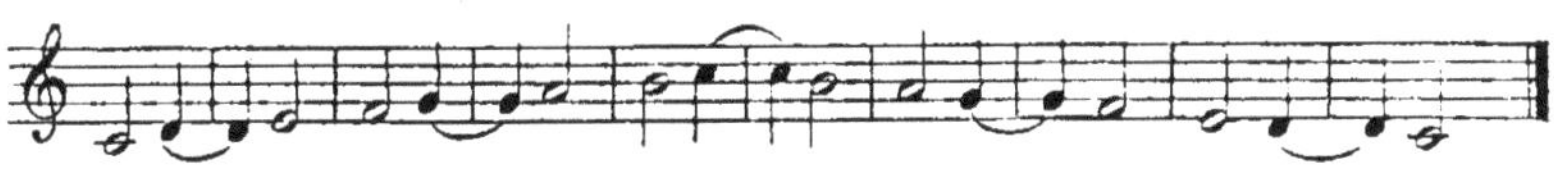

EXERCICES A 2 PARTIES.

124. 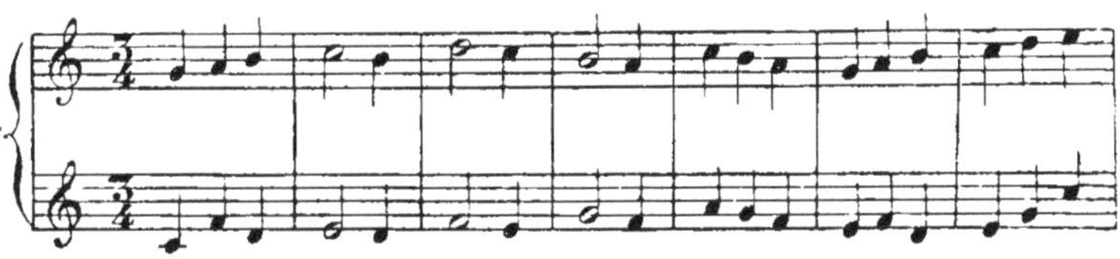

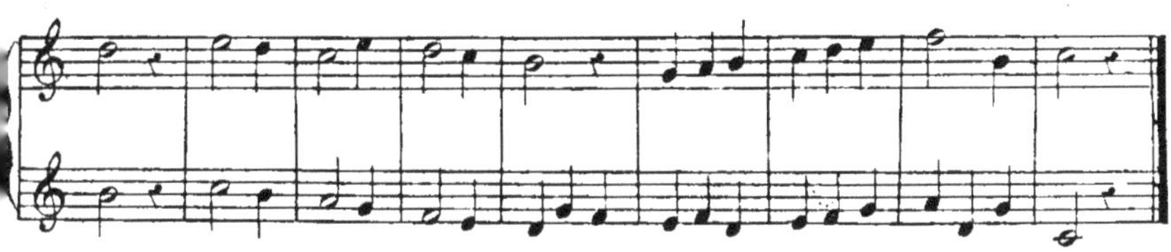

125. 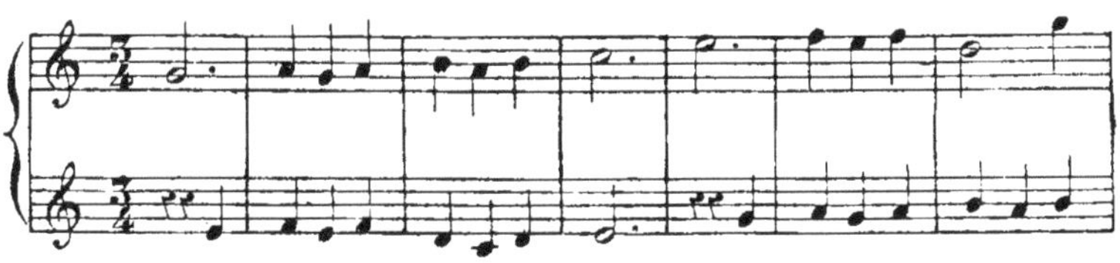

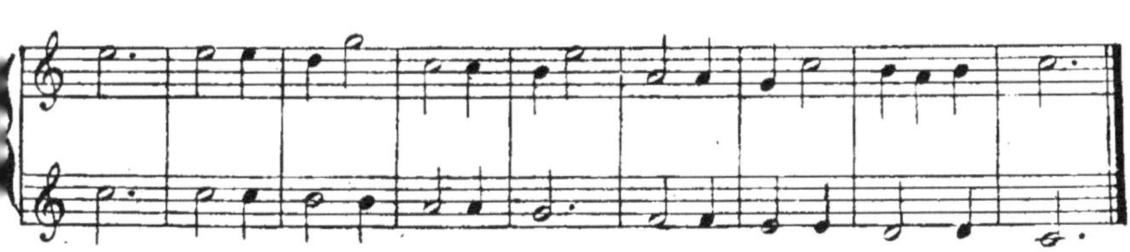

126.

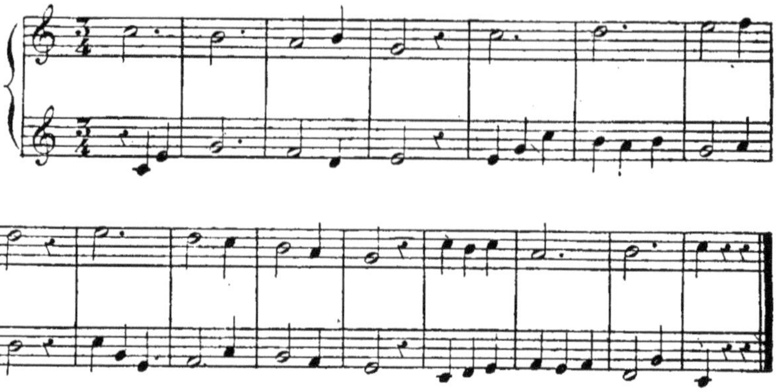

127.

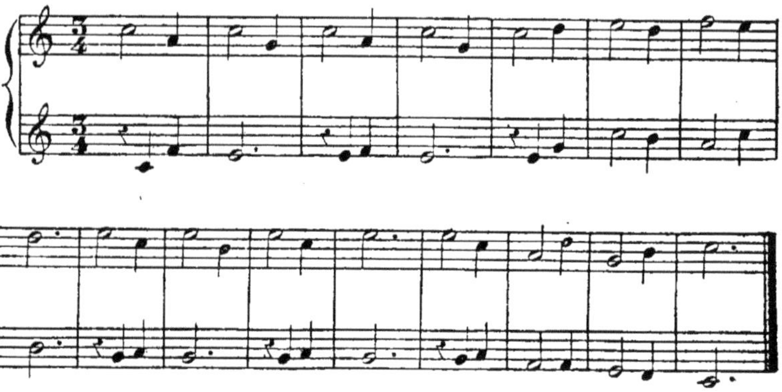

128.

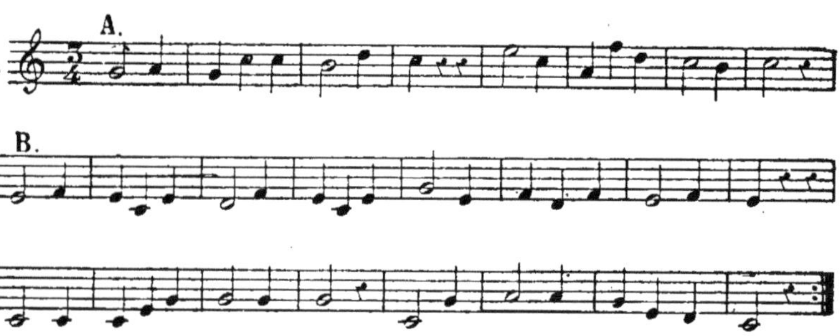

129.

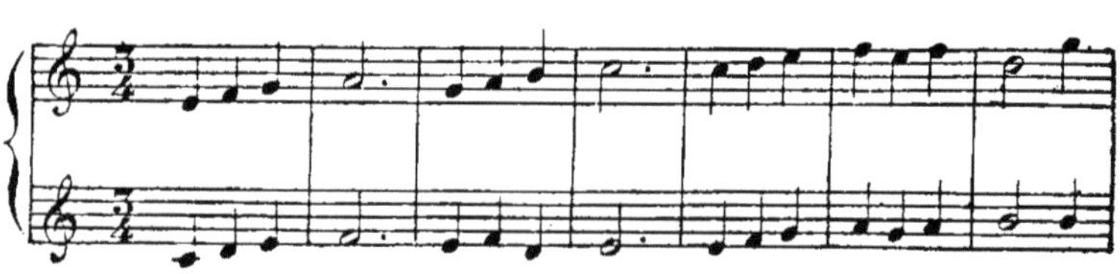

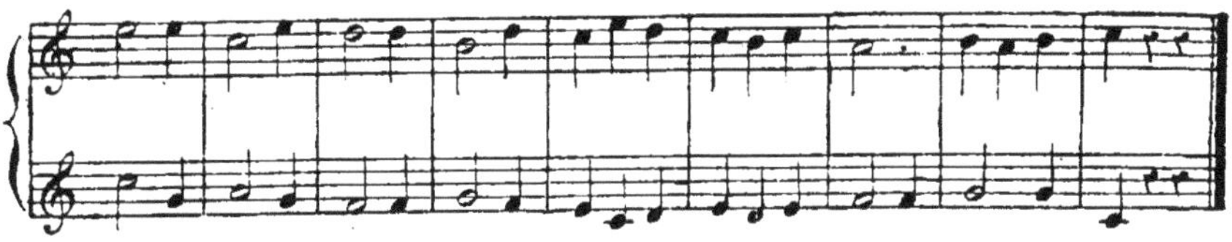

130.

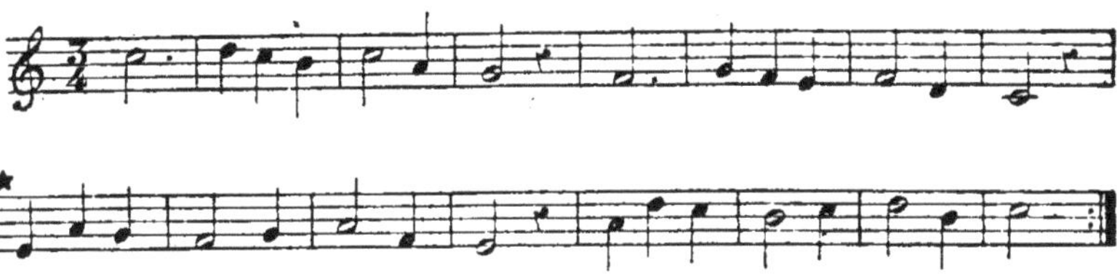

131.

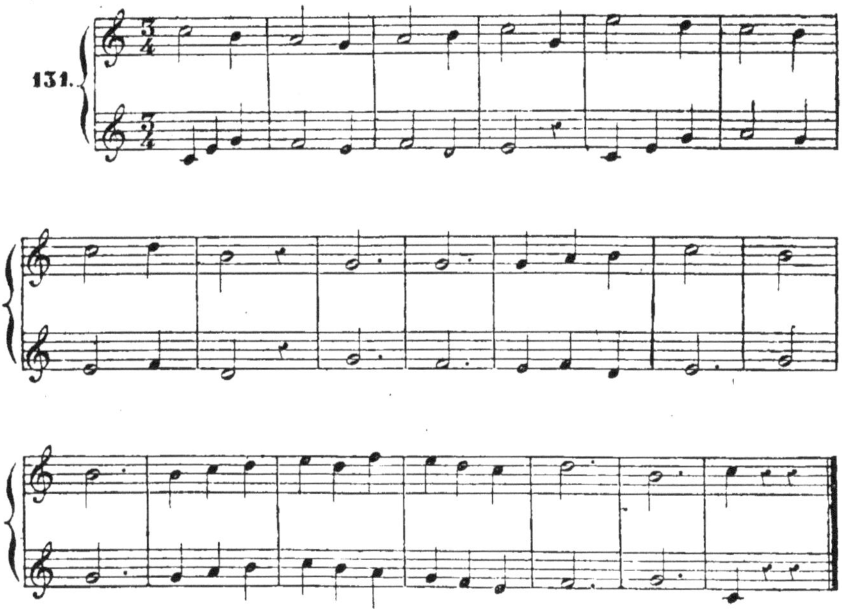

132.

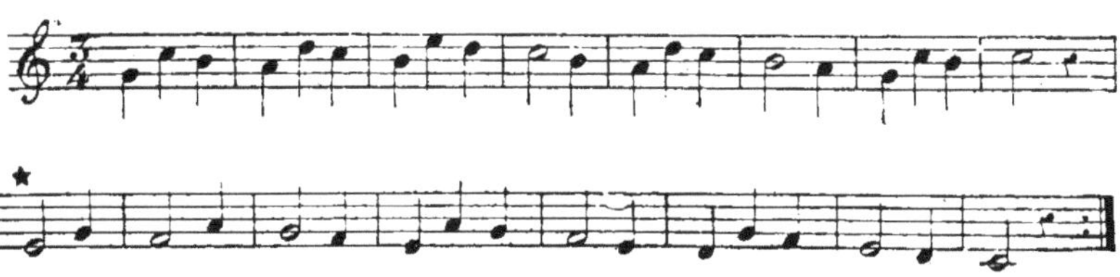

133.
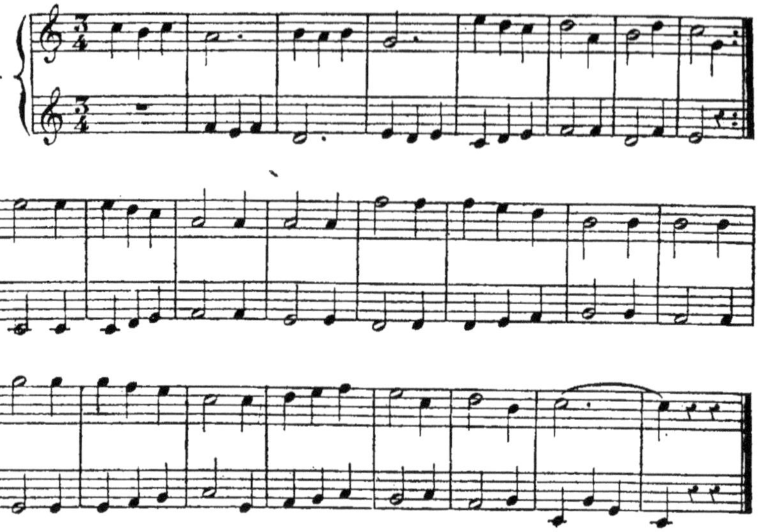

134.
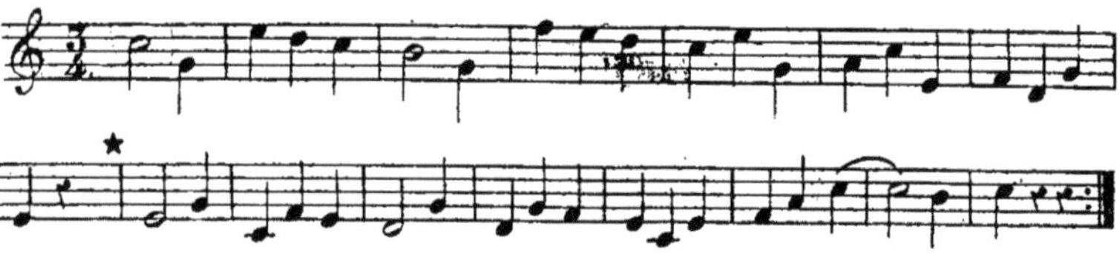

135.
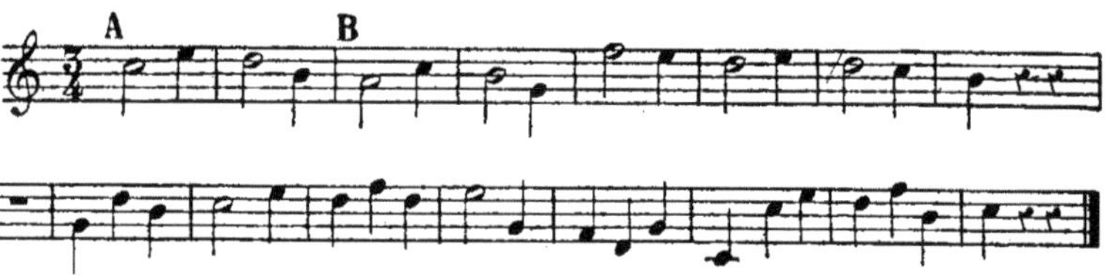

136.
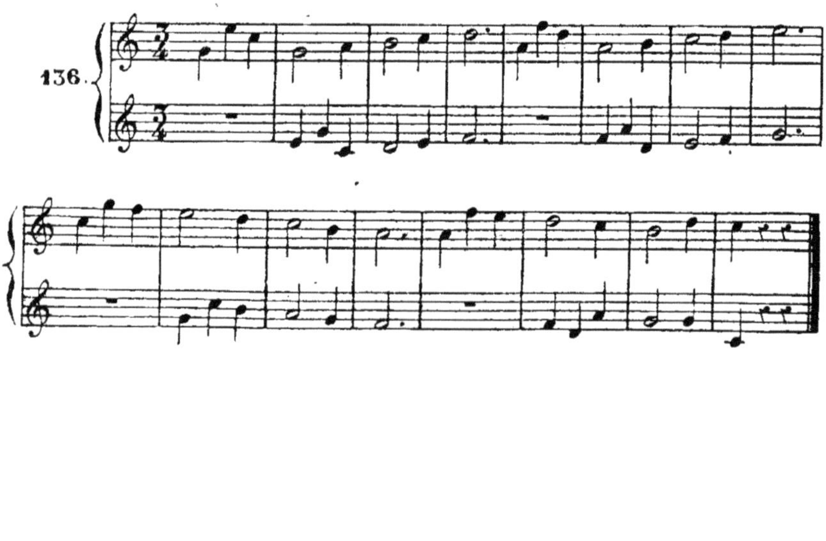

137.

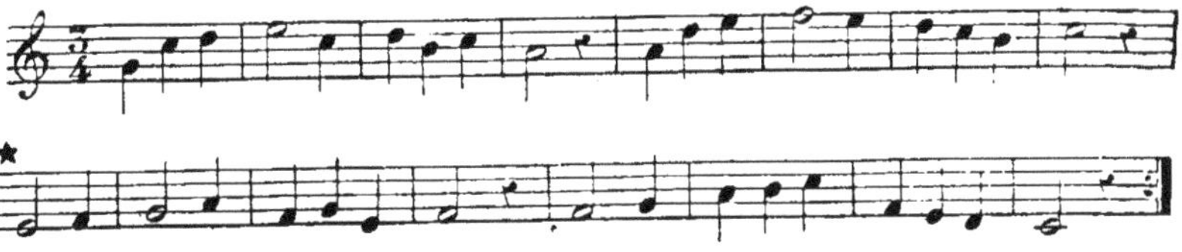

138.

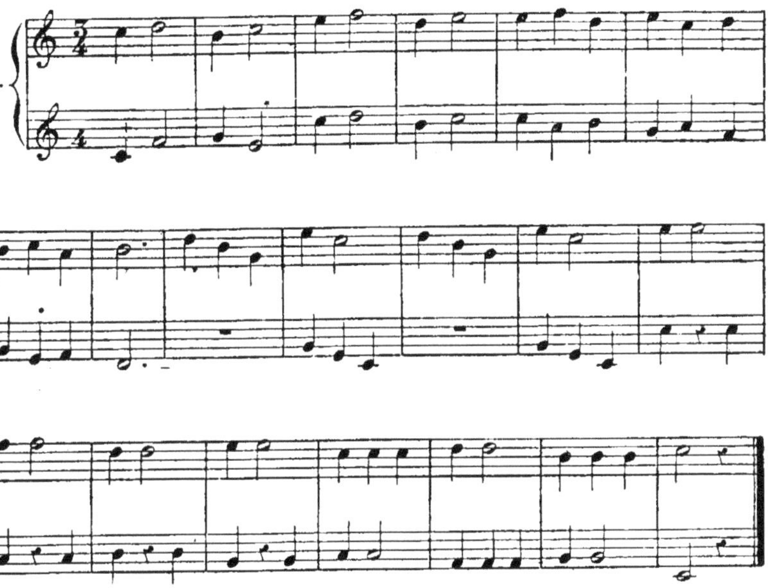

MESURES INCOMPLÈTES.

Lorsque la 1re mesure d'un morceau commence par des silences, l'usage permet de ne pas les écrire. On trouvera donc souvent comme dans l'exercice qui suit la 1re mesure incomplète.

139.

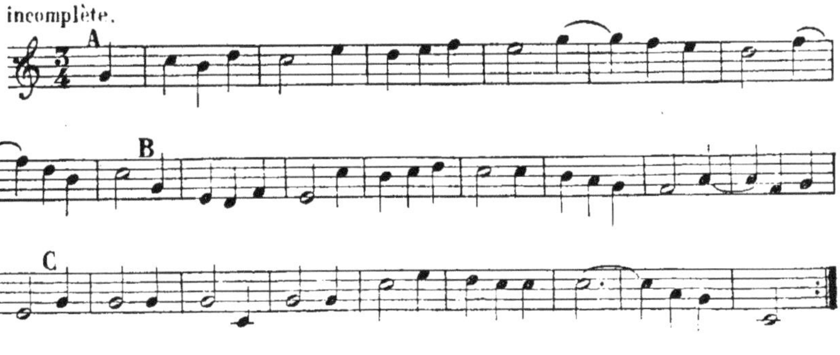

140.

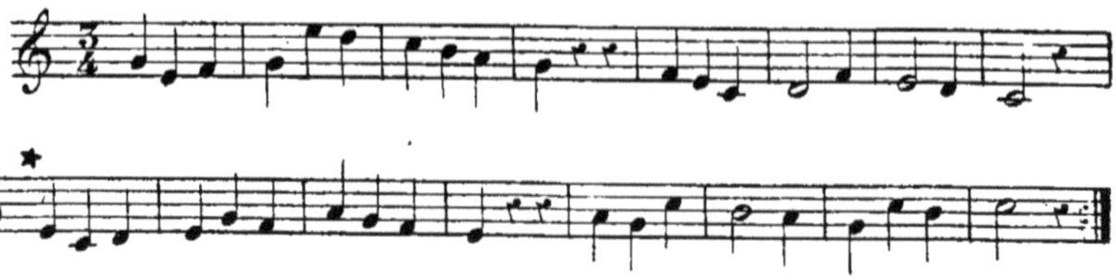

141.

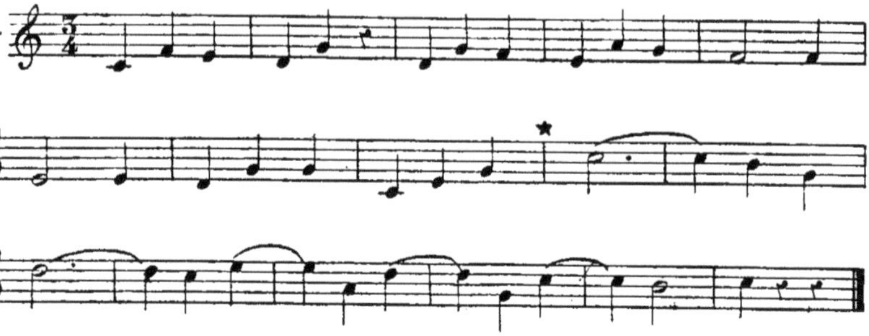

142.

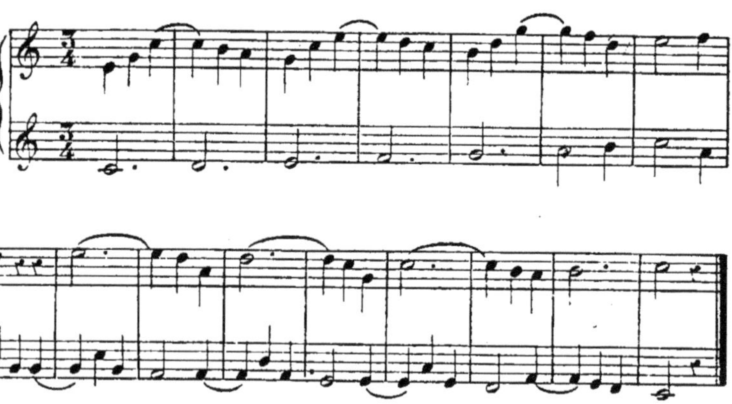

143.

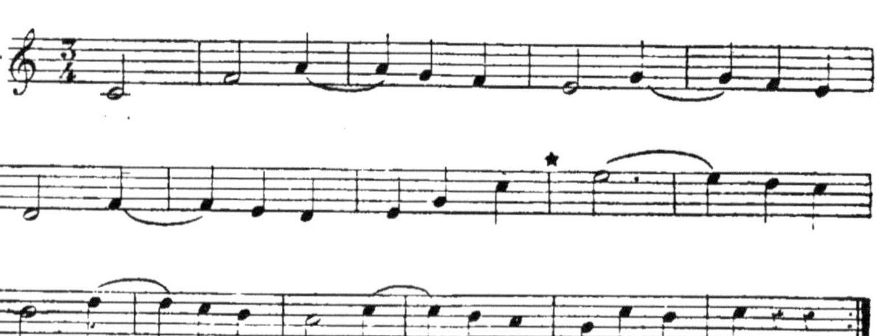

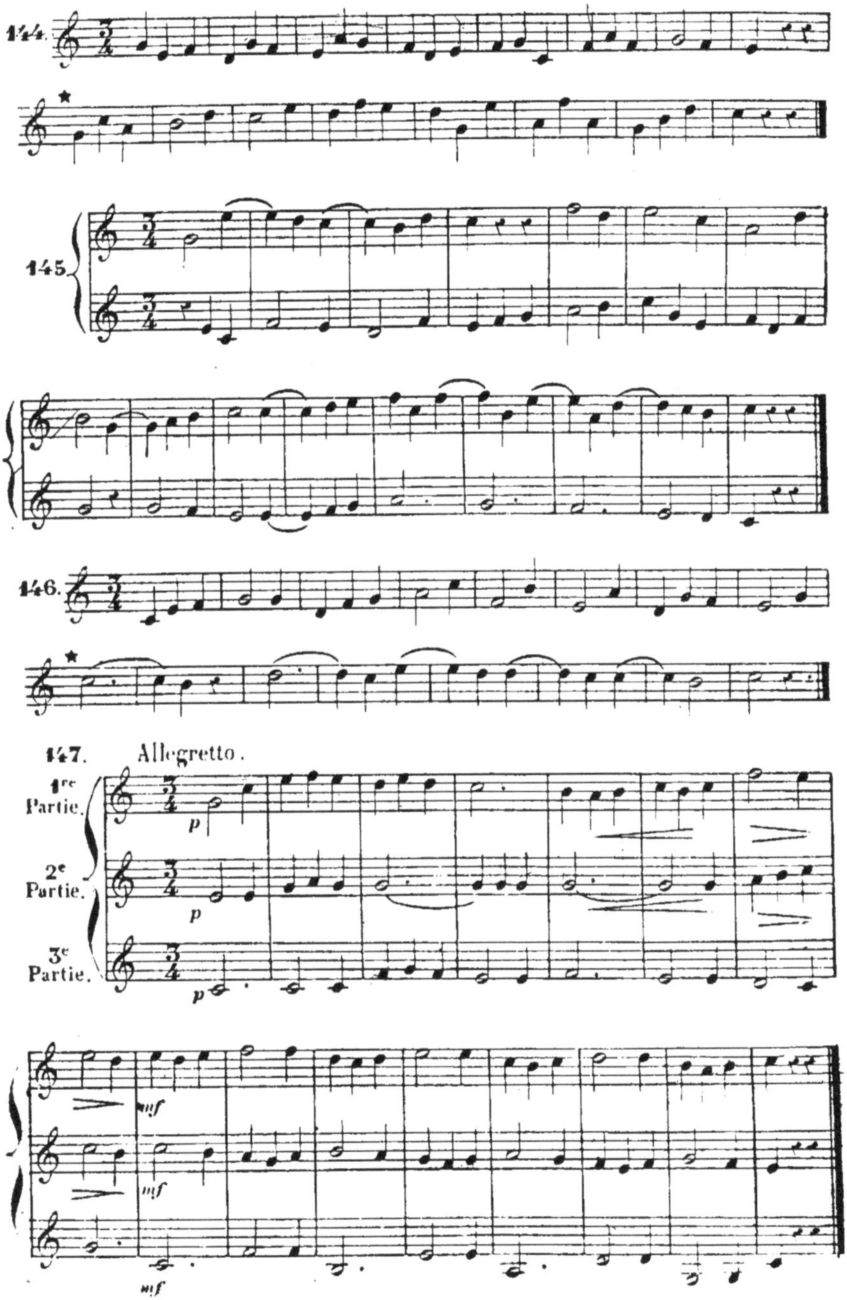
144.
145.
146.
147.
Allegretto.
1re Partie.
2e Partie.
3e Partie.
p
mf

ÉTUDE DU RHYTHME.

MESURE À 4 TEMPS. $\left(\frac{4}{4}\right)$

Manière de battre la mesure à 4 temps.

La mesure à 4 temps se bat ainsi : 2 4 3 1 (1)

La mesure $\frac{4}{4}$ s'indique ordinairement par 4 ou par C

1re SÉRIE.

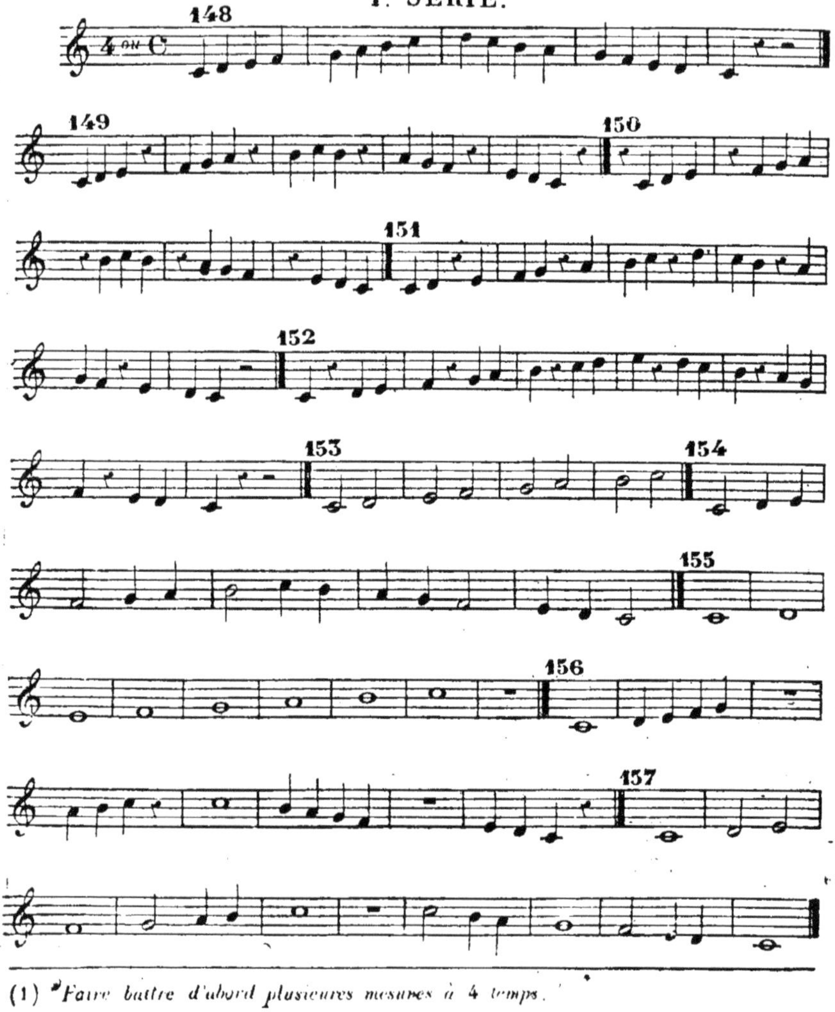

(1) *Faire battre d'abord plusieurs mesures à 4 temps.*

2me SÉRIE.

Dans la mesure à 4 temps qui n'est que la réunion de deux mesures à 2 temps, le 1er et le 3e sont *forts* le 2e et le 4e sont *faibles*. Donc dans l'exemple suivant le *la* est une *syncope*. Ex: 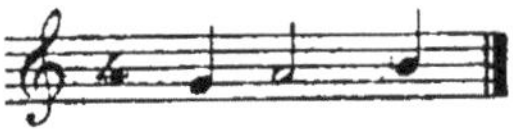

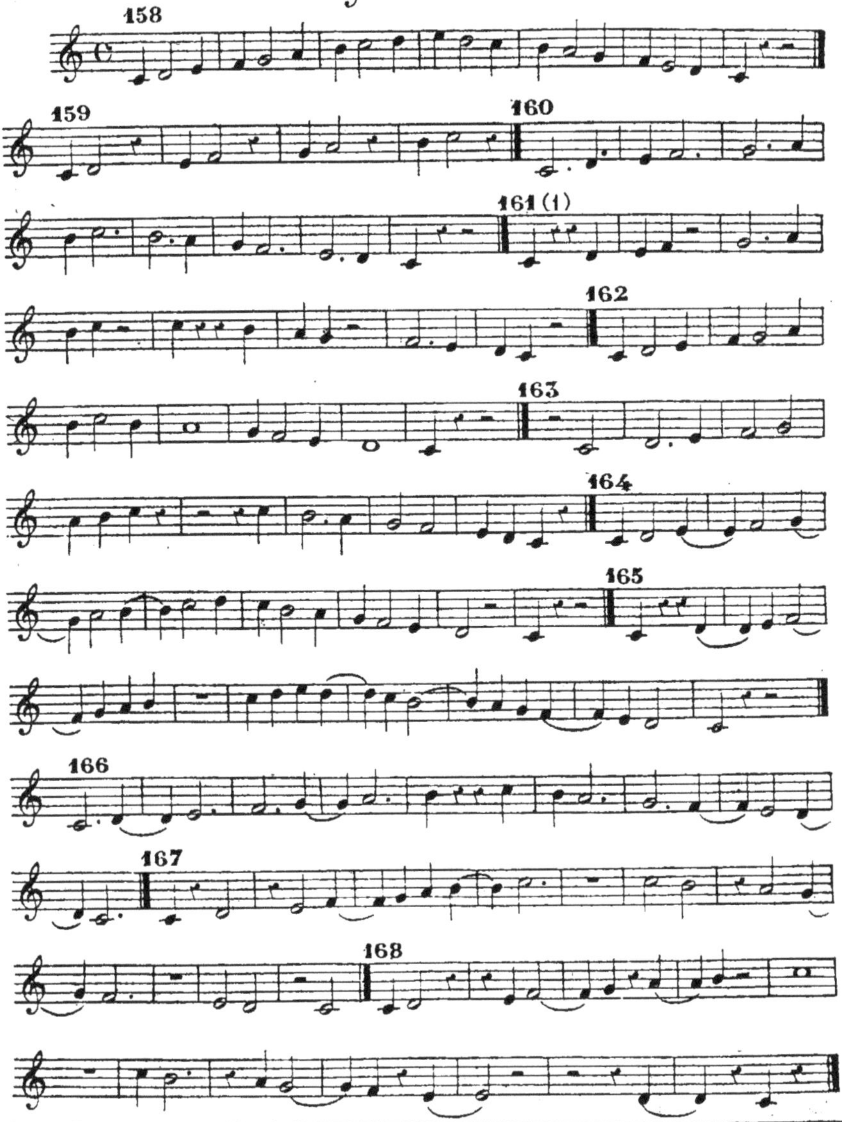

(1) *Dans l'écriture des mesures à 4 temps il est d'usage de n'employer la demi-pause que lorsque le silence commence sur un temps fort*

EXERCICES A 2 PARTIES.

169.

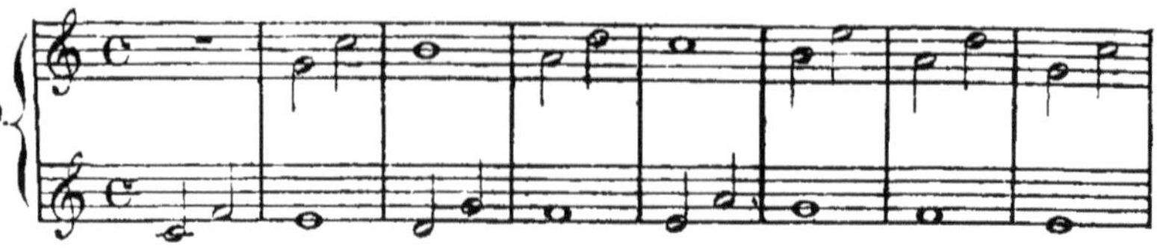

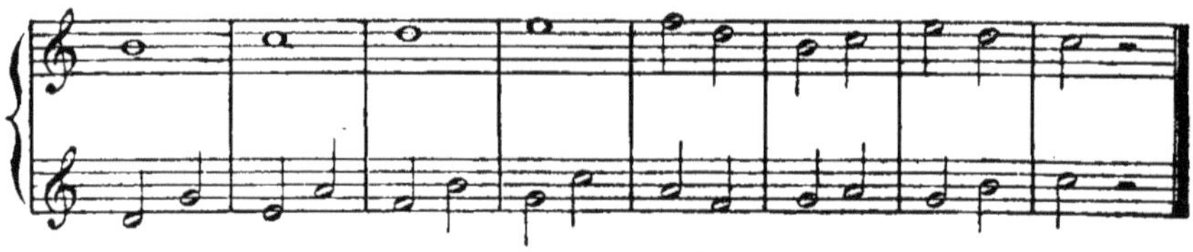

MESURE À $\frac{2}{2}$.

On pourra faire travailler la mesure à 2 temps qu'on indique par ₵ ou 2 sur les exercices suivants en prenant la blanche pour unité de temps. L'écriture étant la même que pour la mesure à 4 temps $\frac{4}{4}$ nous nous bornerons a en donner un seul exemple. (*On n'emploie en général cette mesure, dit* Halévy *que lorsque le mouvement du morceau est rapide, pour éviter que l'indication des temps ne devienne confuse à cause de la rapidité.*)

169(bis)

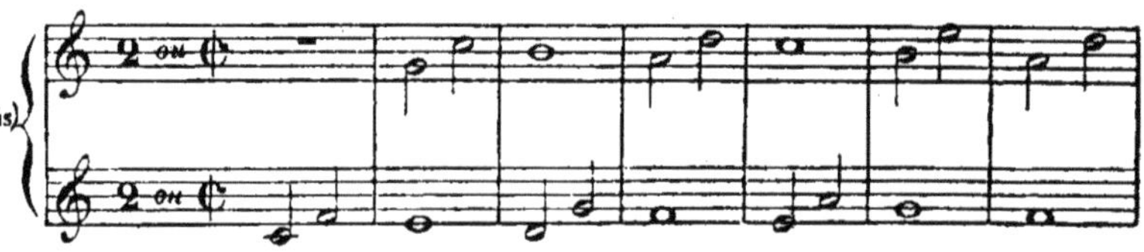

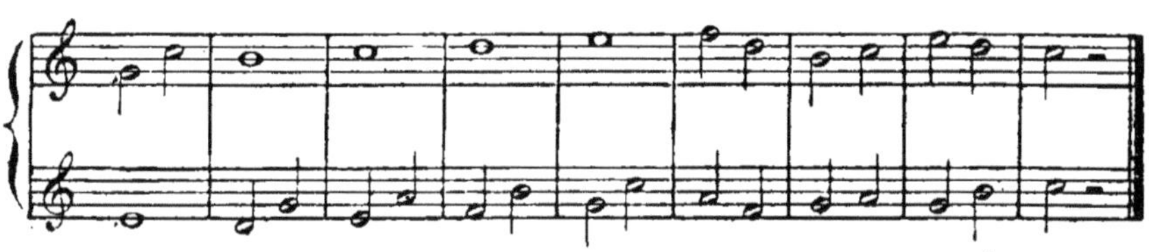

170.

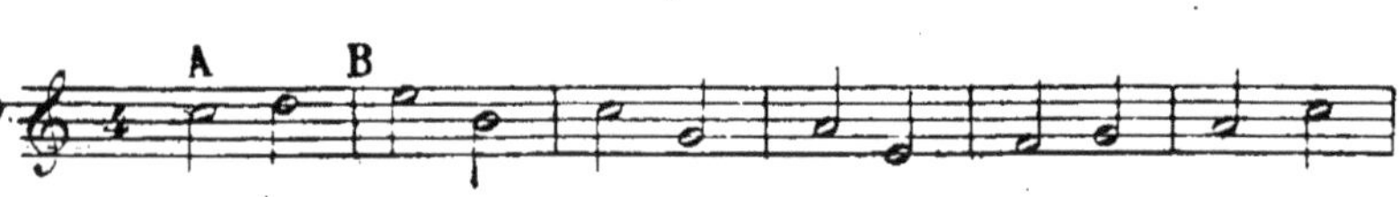

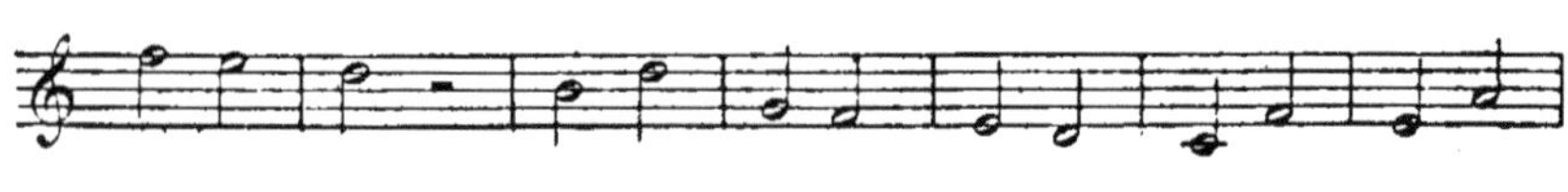

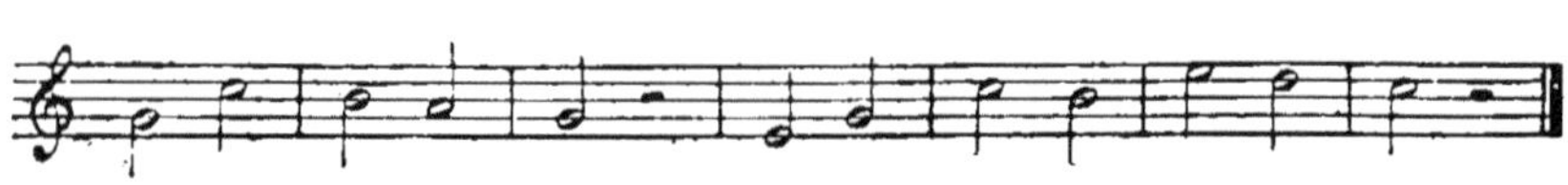

171

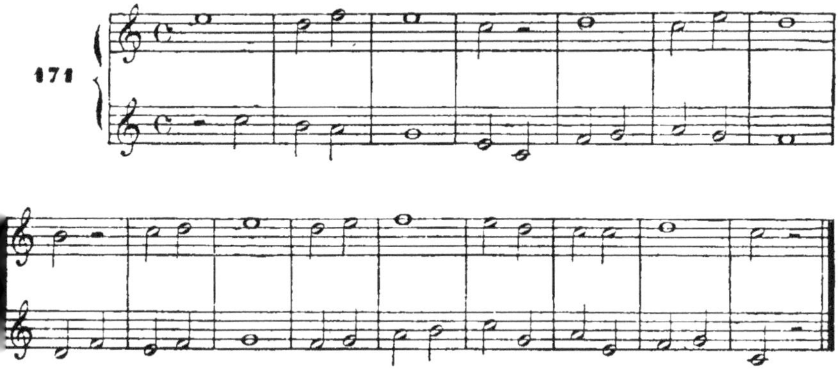

172. Lento.

1re Partie

2e Partie.

3e Partie.

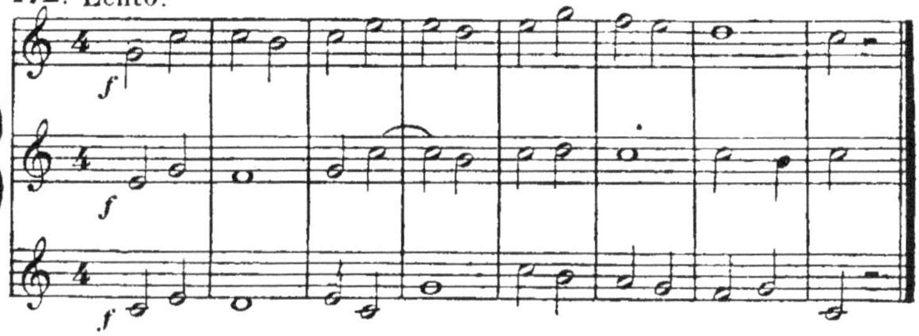

173.

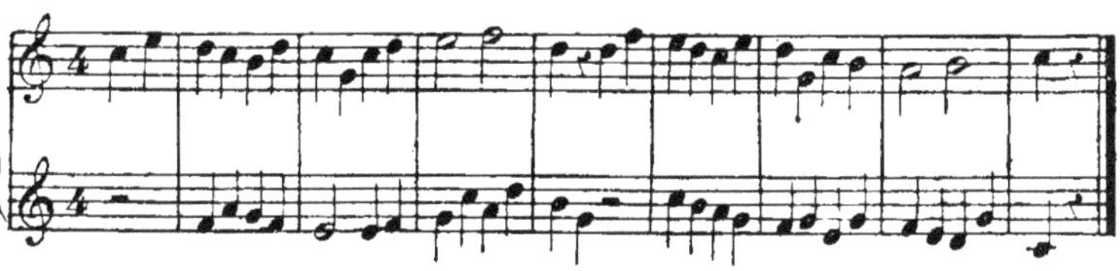

174.

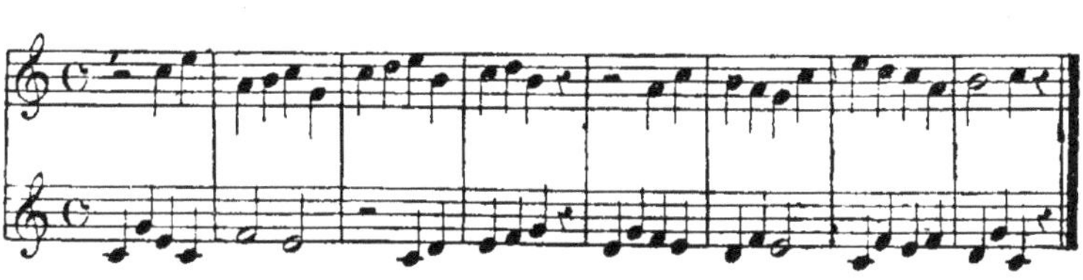

175.

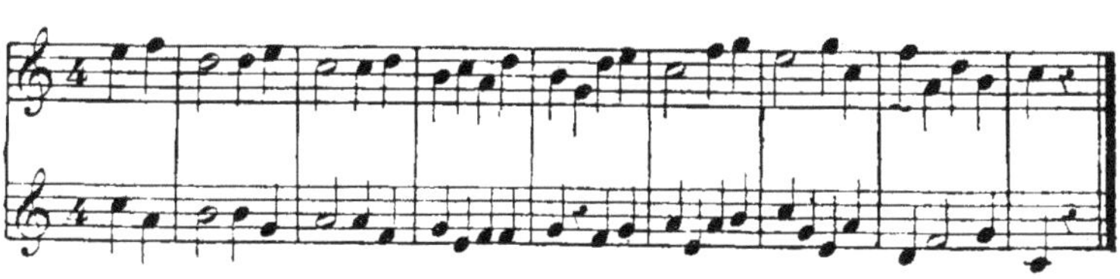

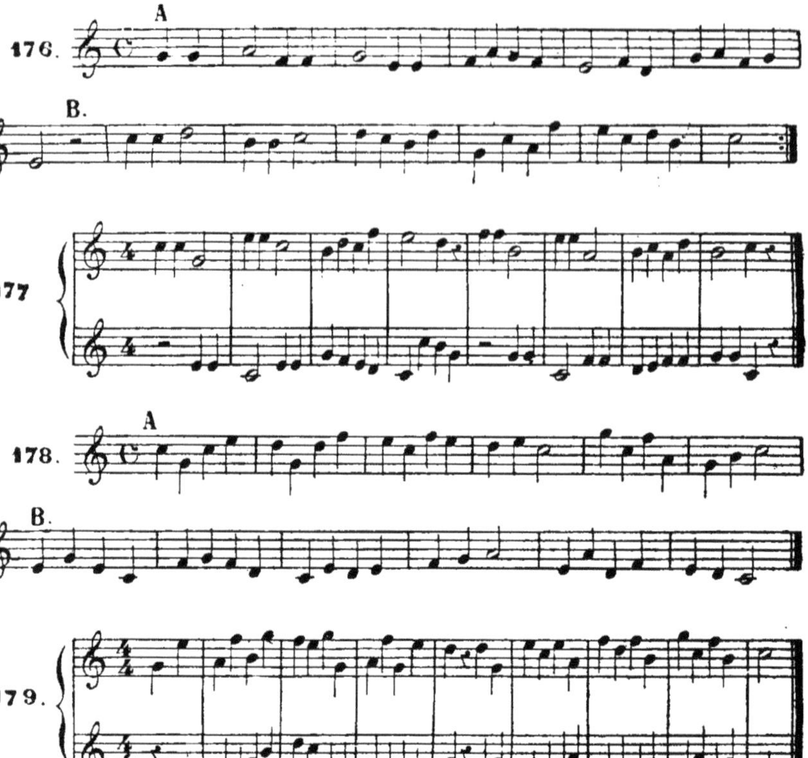
176.
A
B.
177
178.
A
B.
179.
180.
181.
A.
B.

182.

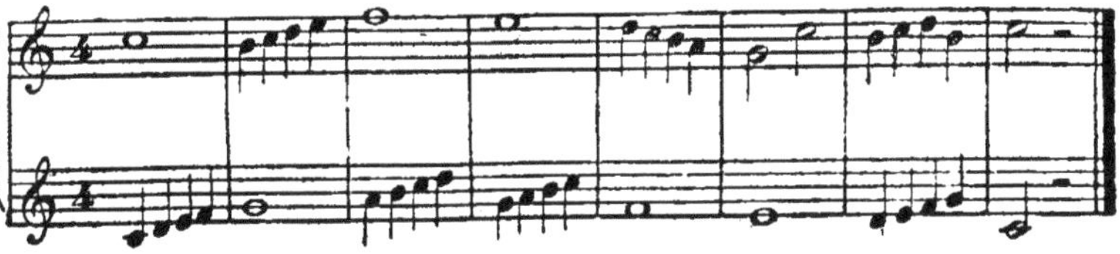

183.

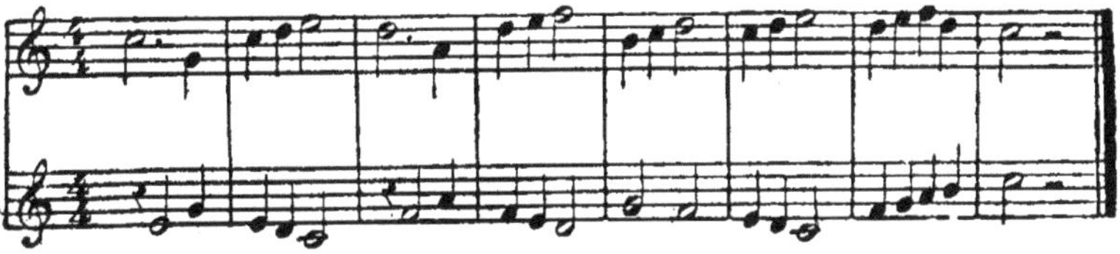

184.

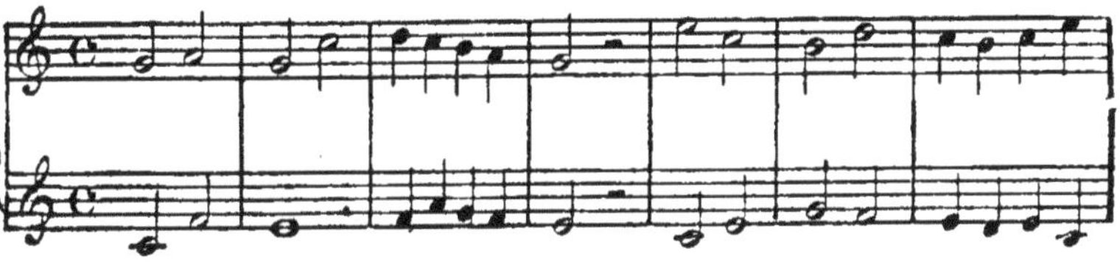

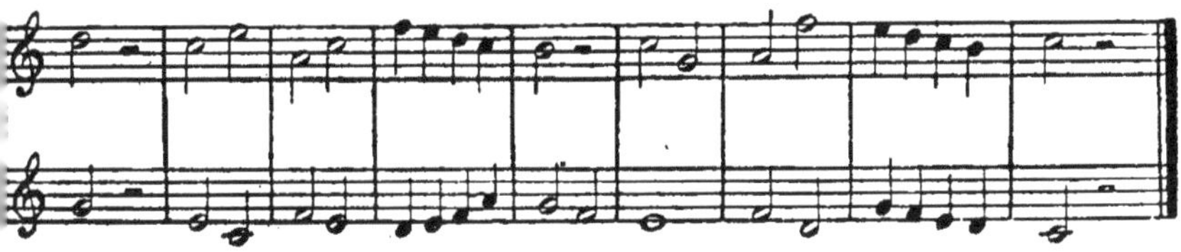

185.

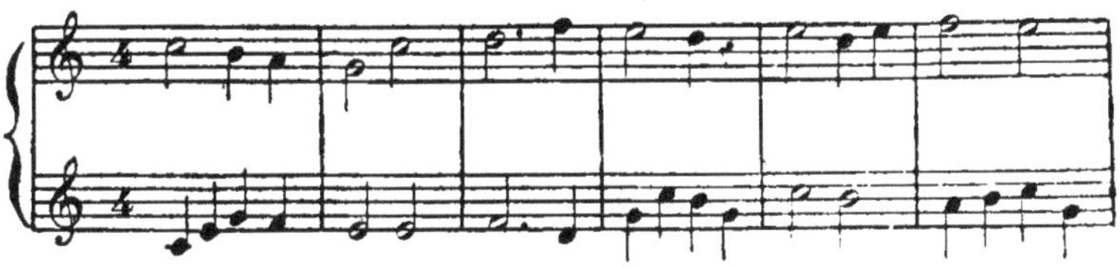

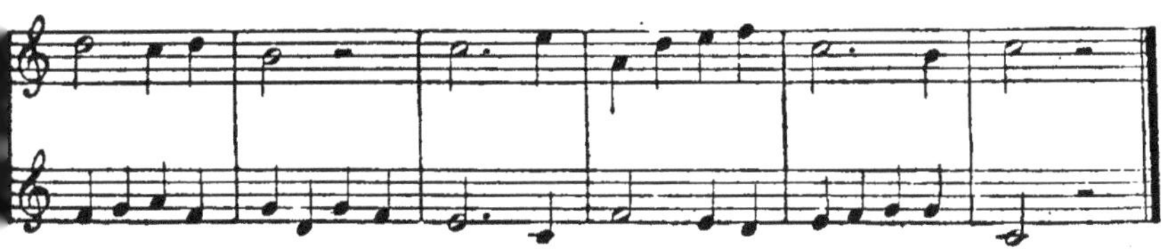

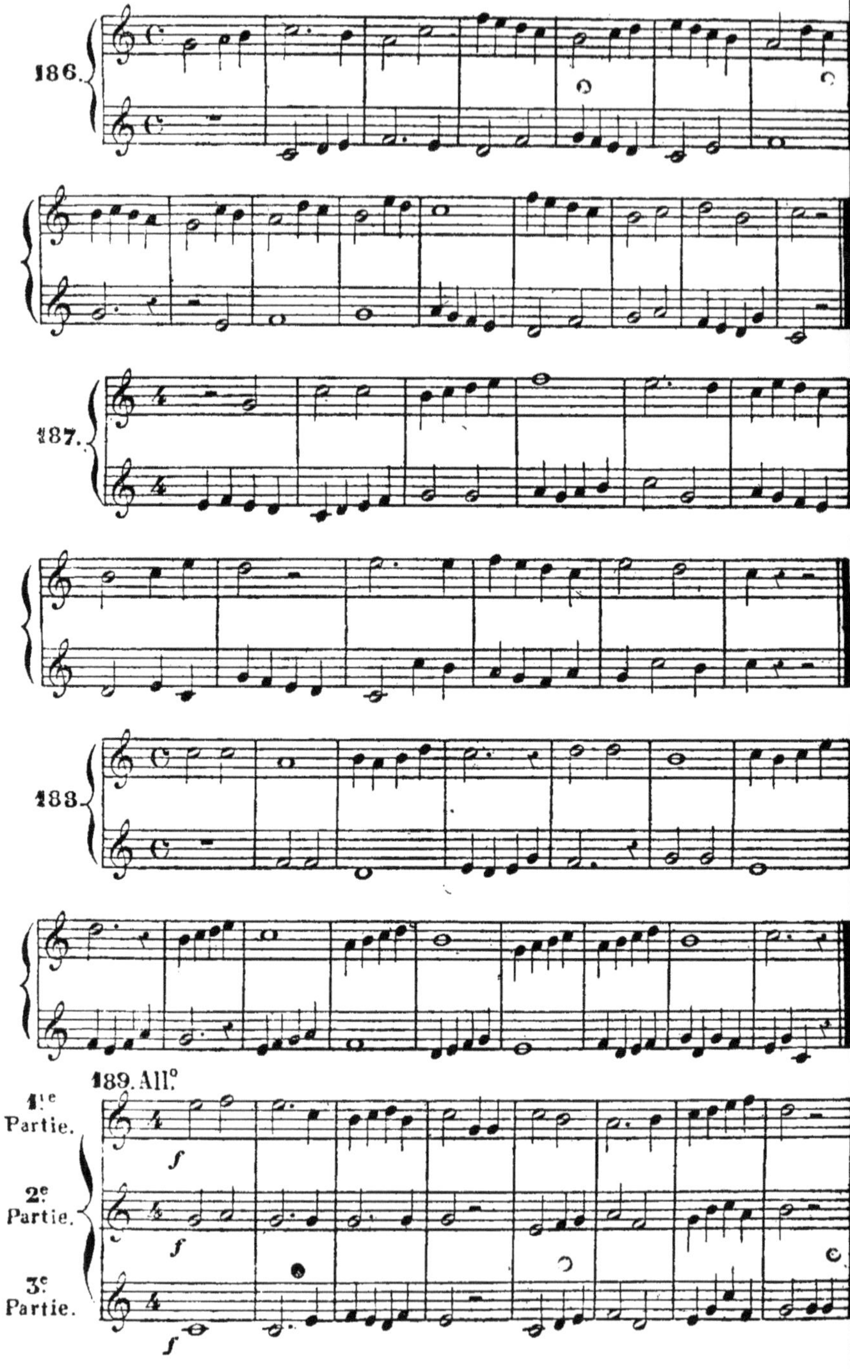
186.
187.
188.
189. All°
1re Partie.
2e Partie.
3e Partie.
f
f
f

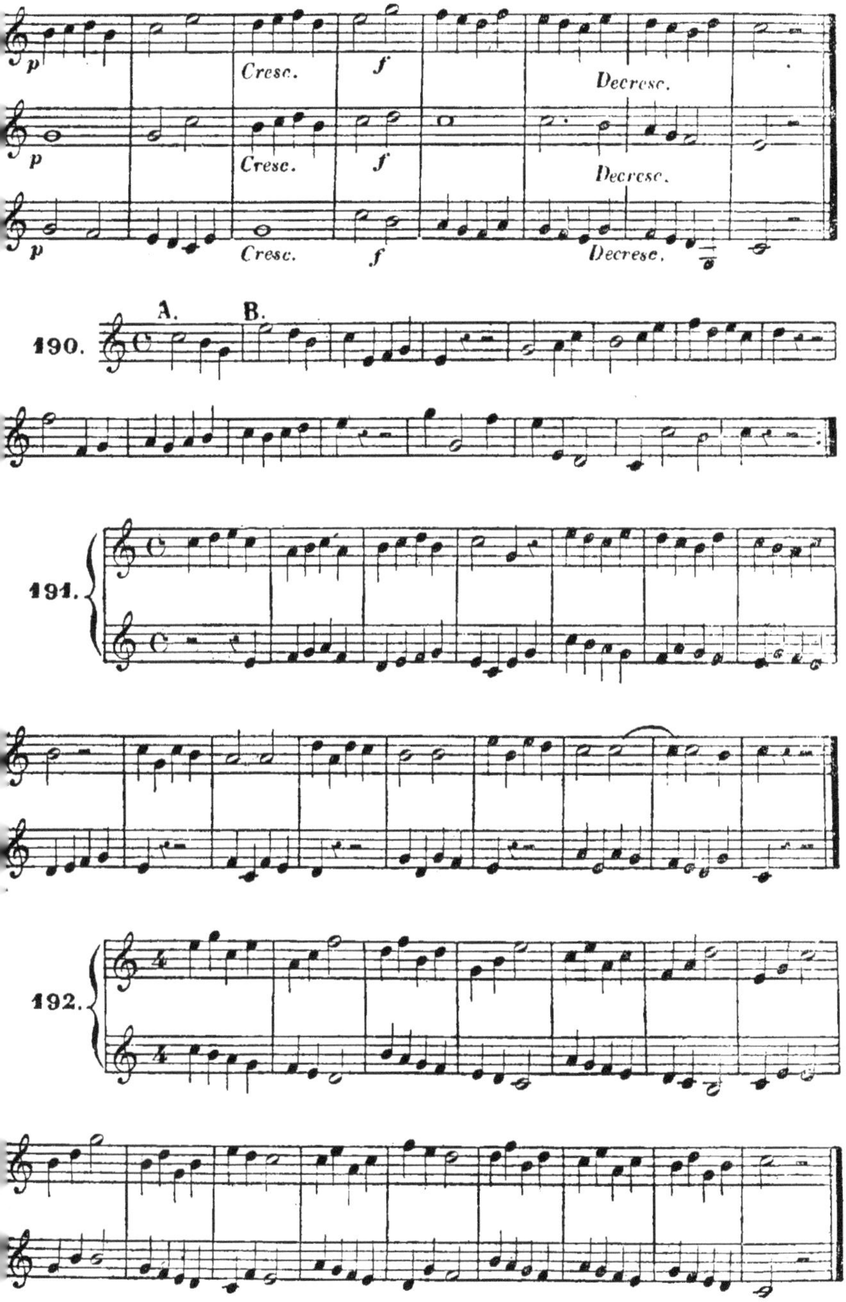
p
Cresc.
f
Decresc.
p
Cresc.
f
Decresc.
p
Cresc.
f
Decresc.
A.
B.
190.
191.
192.

193.

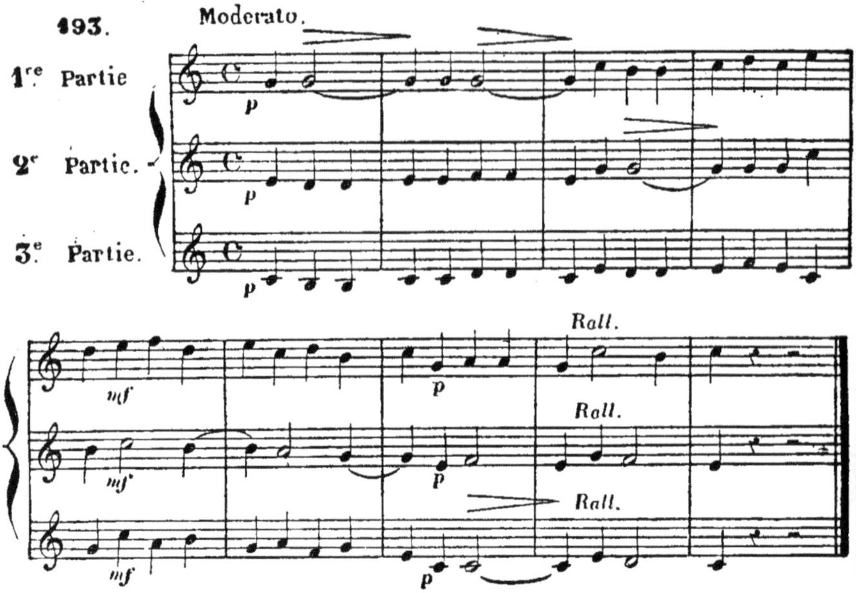

194.

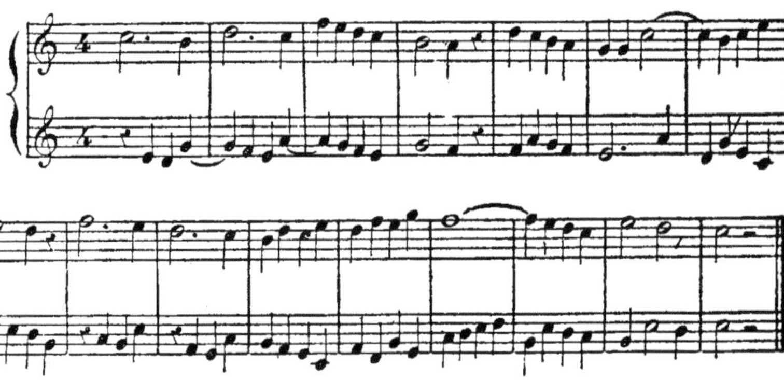

195.

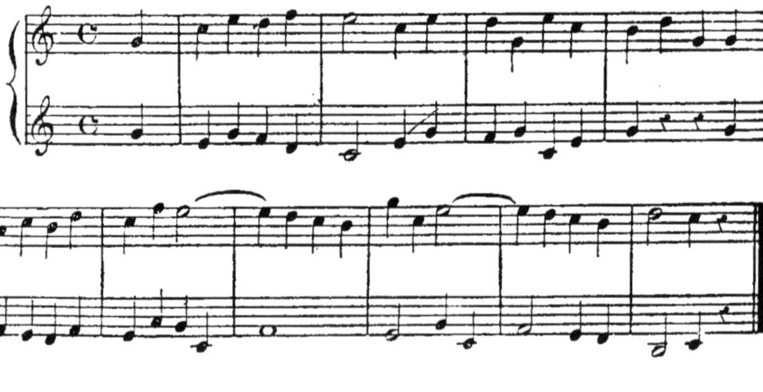

196.

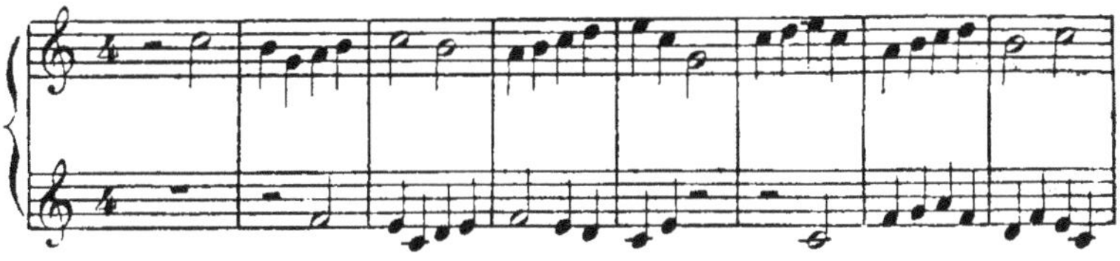

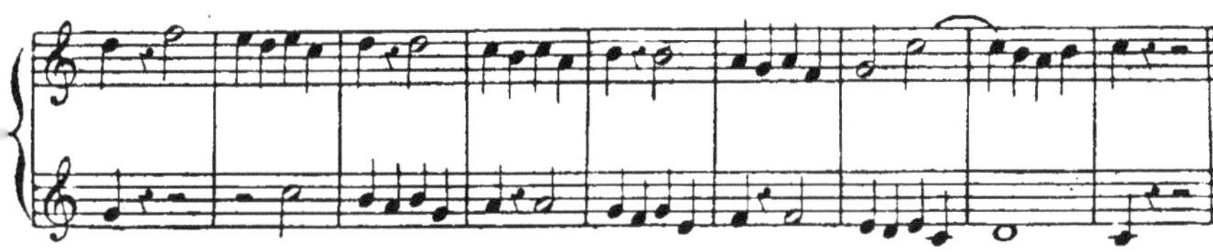

197.

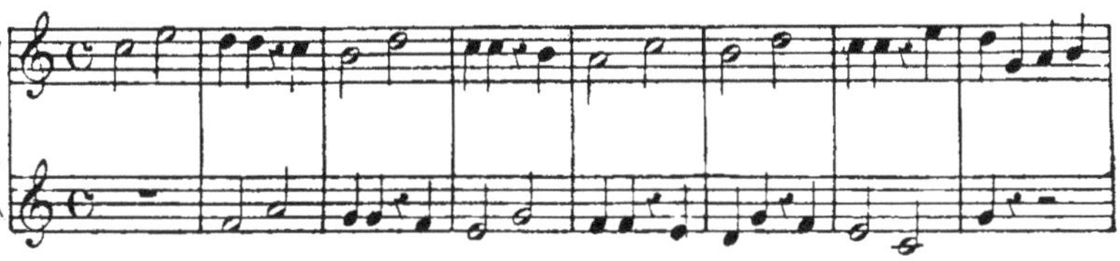

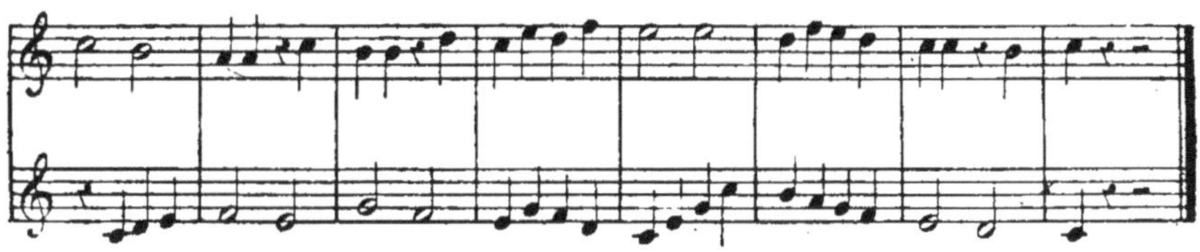

198.

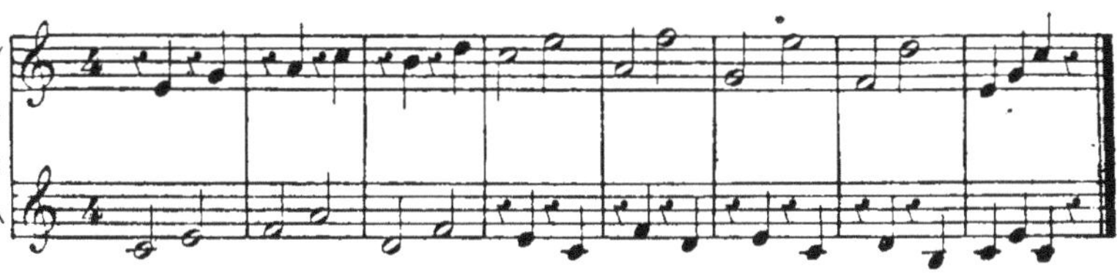

199.

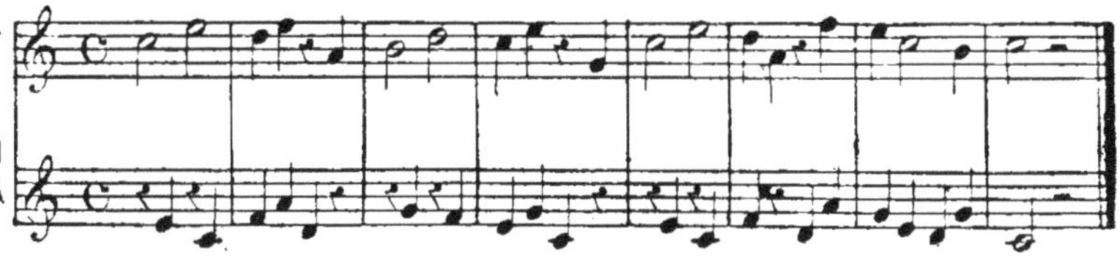

200.

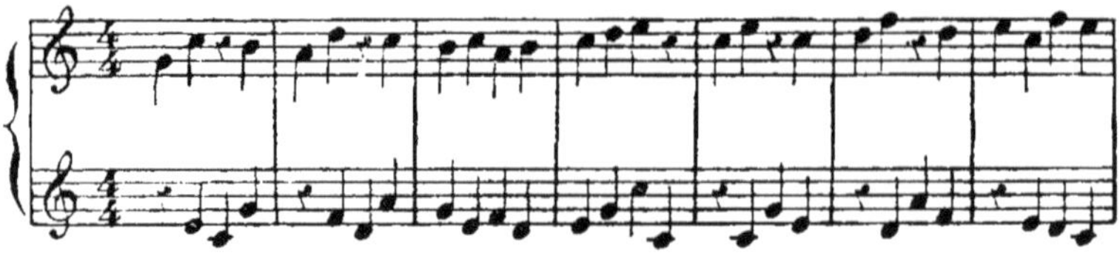

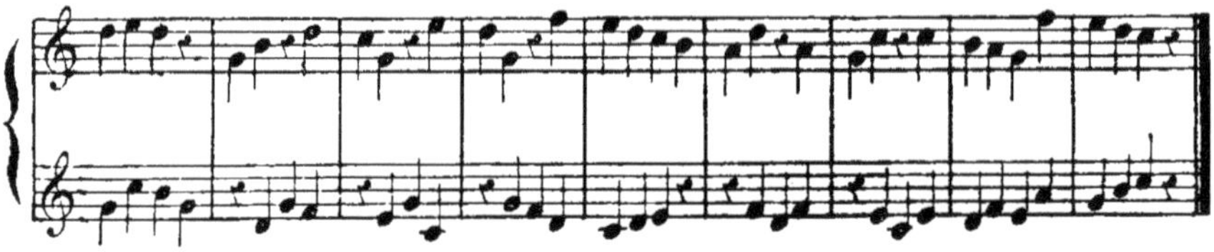

201

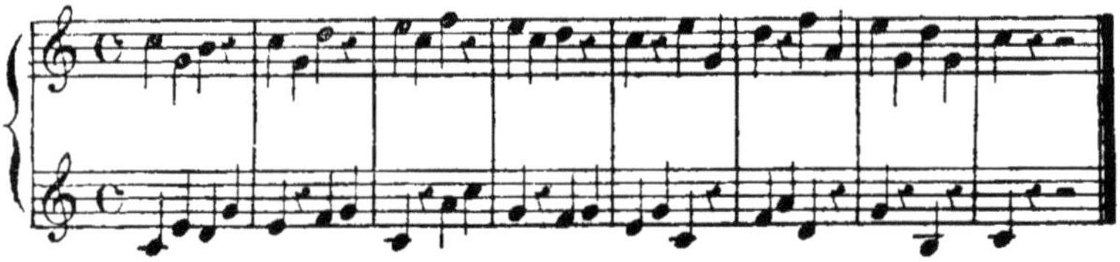

202.

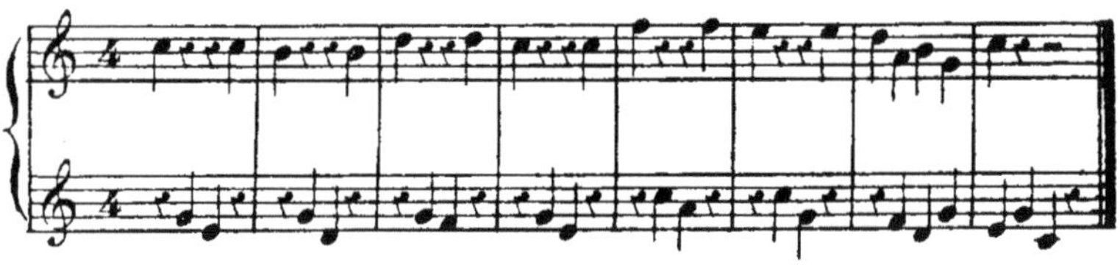

SIGNES ALTÉRATIFS.

Entre deux notes distantes d'un ton, on peut introduire un son intermédiaire (Page 6.)

Pour représenter ce son intermédiaire on se sert de l'un des deux signes altératifs ♯ et ♭.

DIÈSE, BÉMOL.

Le premier appelé *Dièse*, indique que l'on doit élever d'un demi-ton l'intonation de la note qu'il précède; le deuxième appelé *Bémol*, indique que l'on doit abaisser d'un demi-ton l'intonation de la note qu'il précède

BÉCARRE.

Un troisième signe ♮ appelé *Bécarre*, détruit l'effet du ♯ et du ♭, et rend à la note qu'il précède son intonation primitive.

DEMI-TON DIATONIQUE. DEMI-TON CHROMATIQUE.

Le *demi-ton* représenté par deux notes de degrés différents s'appelle *demi ton diatonique*. Ex: *sol* ♯ *la*, *sol la* ♭. — Le *demi-ton* représenté par deux notes de même degré s'appelle *demi-ton chromatique*. Ex: *sol sol* ♯, *la la* ♭.

EXERCICES D'INTONATION

8e SÉRIE

ETUDE DU ♯

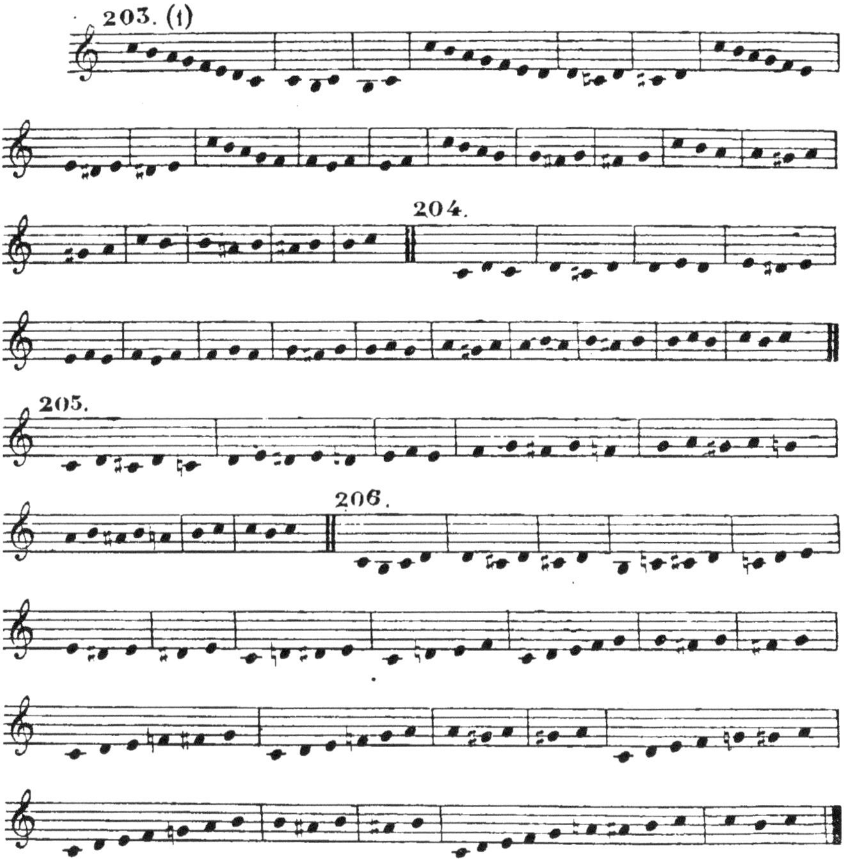

9e SÉRIE

ETUDE DU ♭

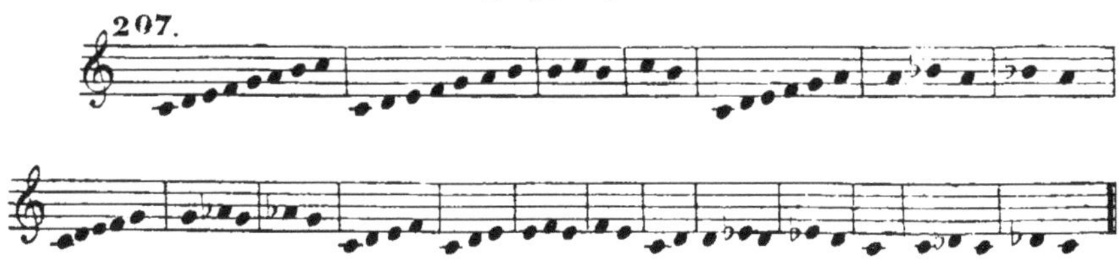

(1) Le maître chantera d'abord l'exercice

208.

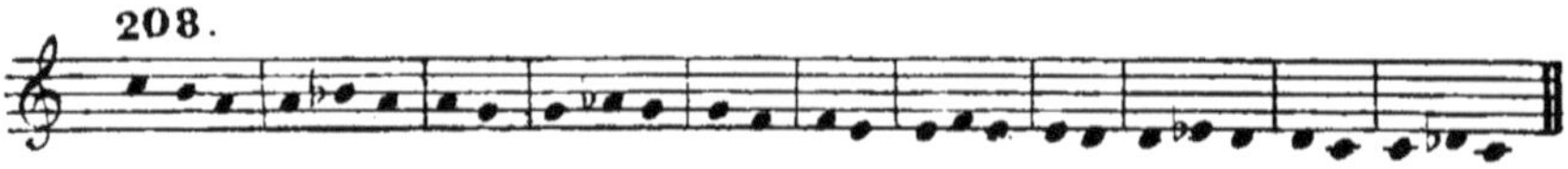

209.

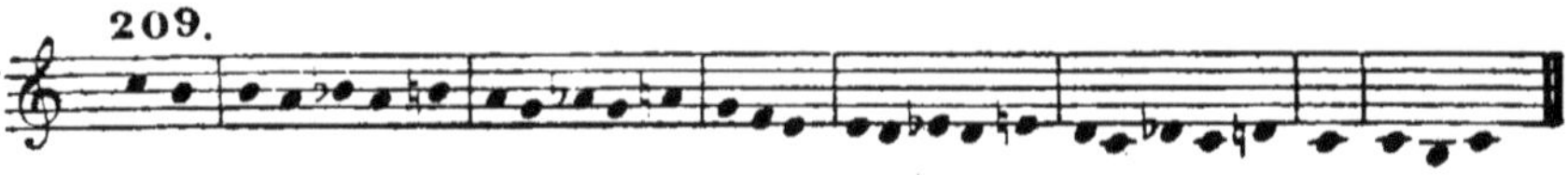

210.

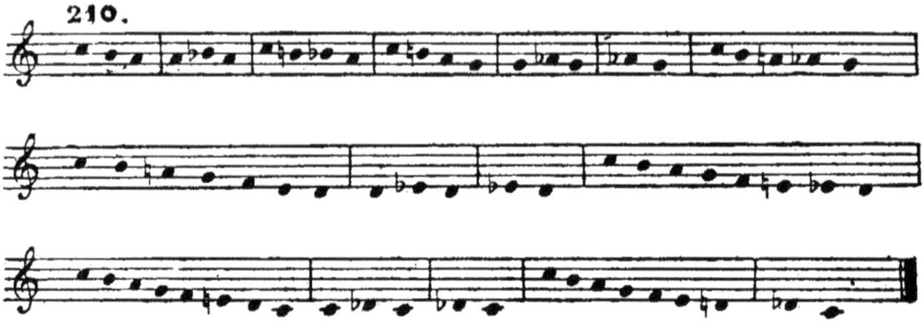

EFFET DU ♯ ET DU ♭.

Les Signes ♯ et ♭ ont leur effet non seulement sur la note qui les suit, mais encore sur toutes les notes de même degré qui viennent après, dans la même mesure. (Ex: 1.)

Le Signe ♮ ne devrait donc s'employer que dans cette mesure. (Ex: 2.)

Cependant, par précaution on s'en sert souvent dans la mesure suivante. (Ex: 3.)

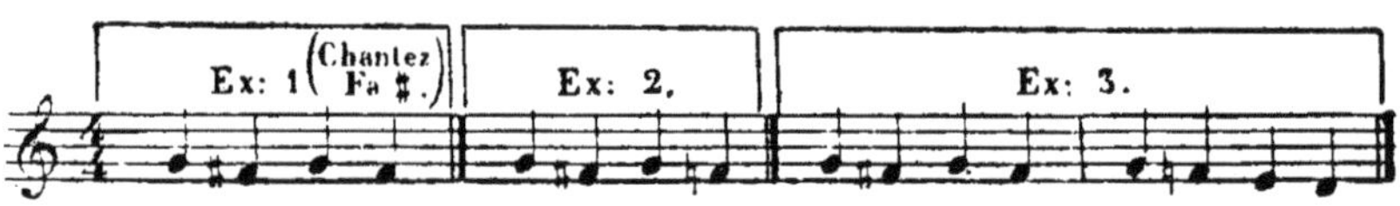

EXERCICES A 2 PARTIES.

211.

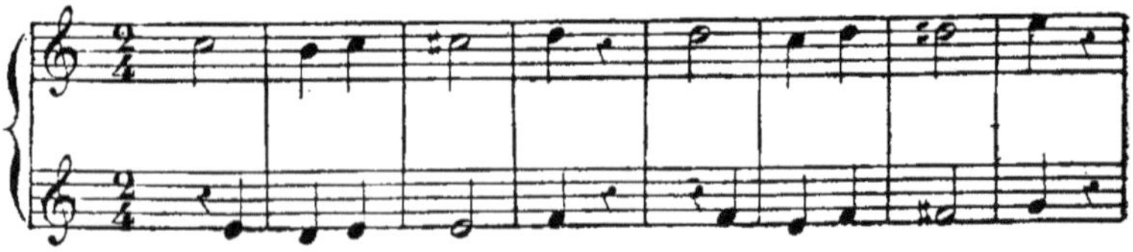

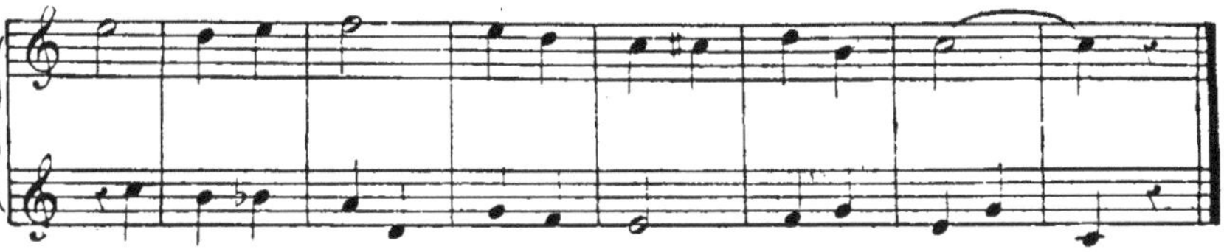

212.

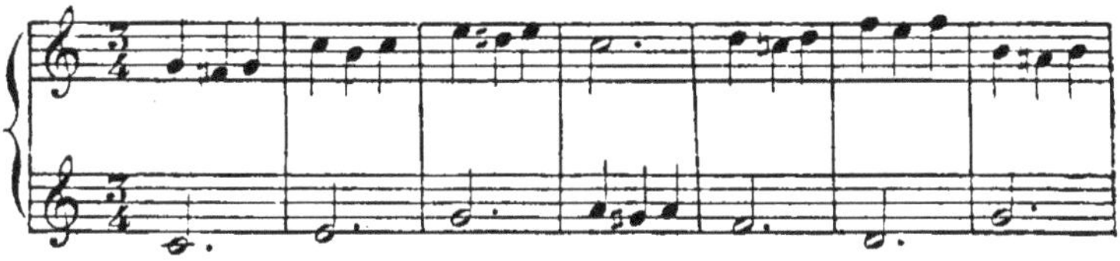

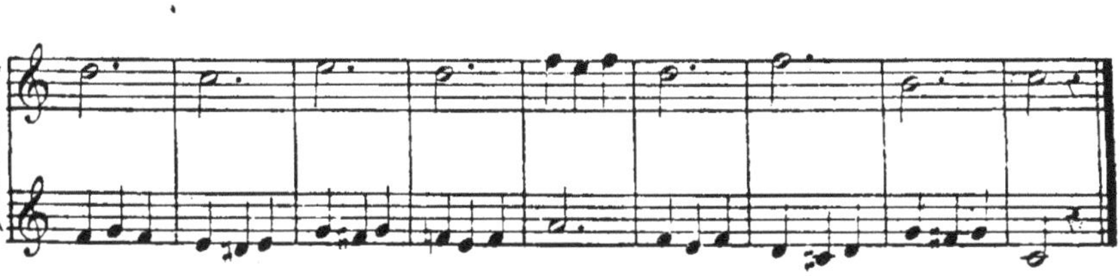

213.

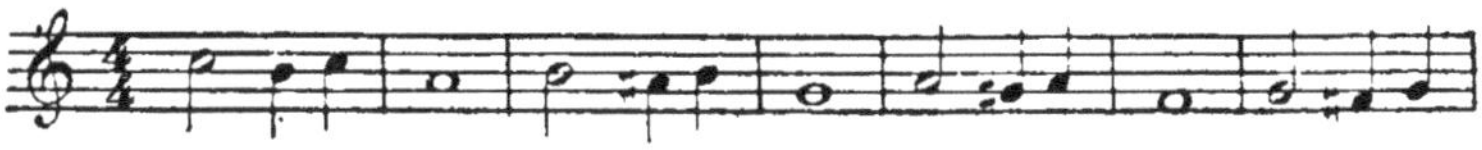

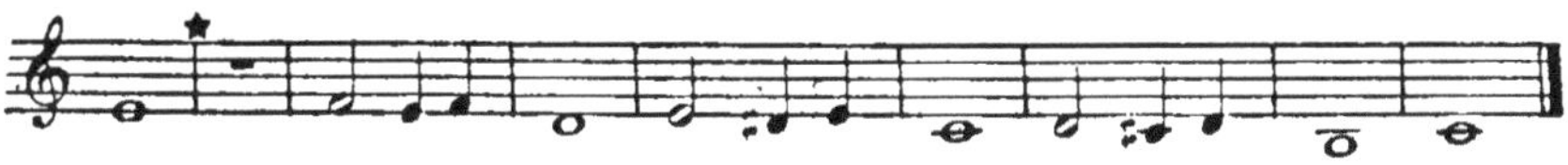

214.

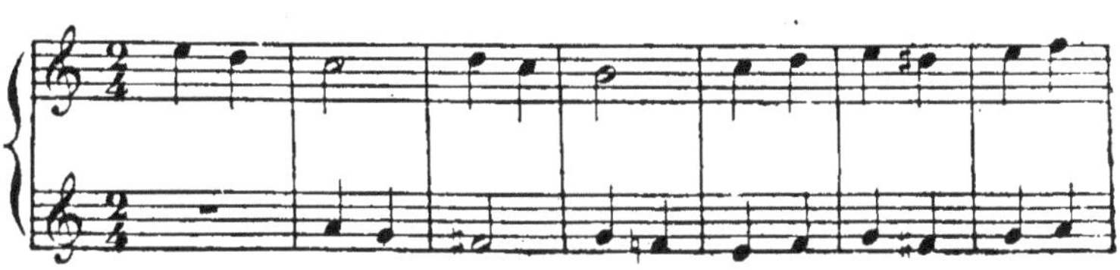

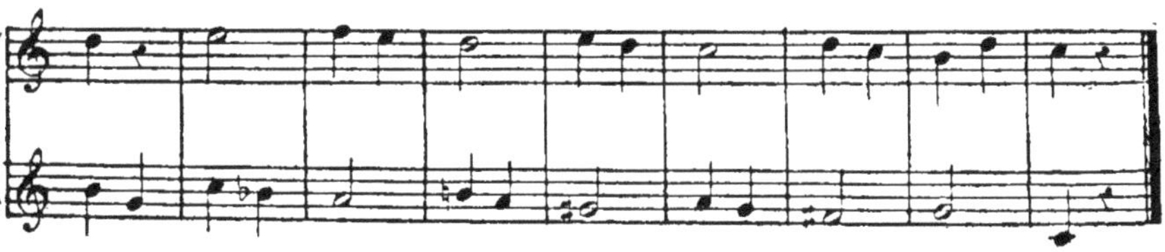

215.

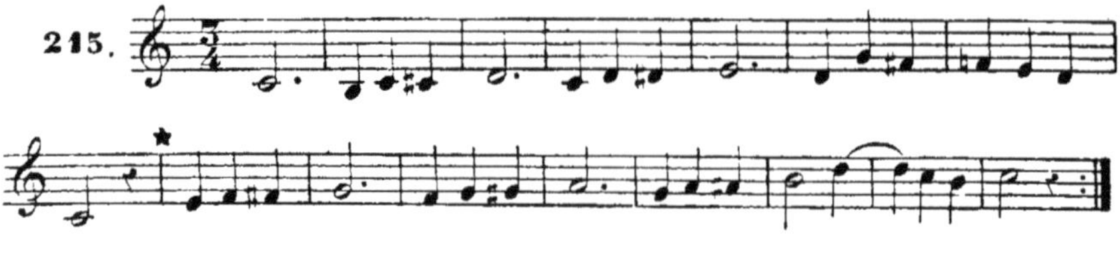

216.

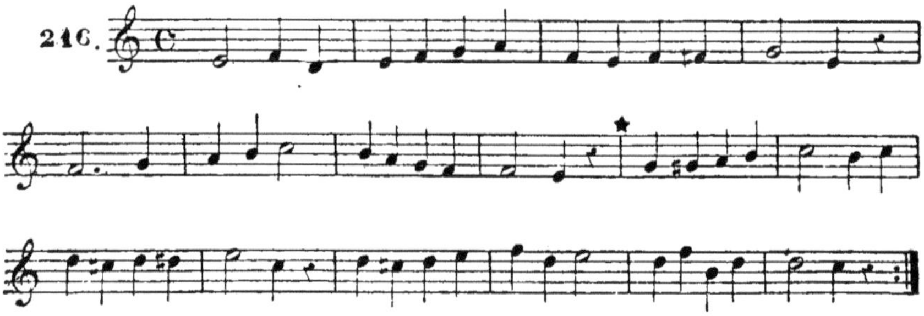

217.

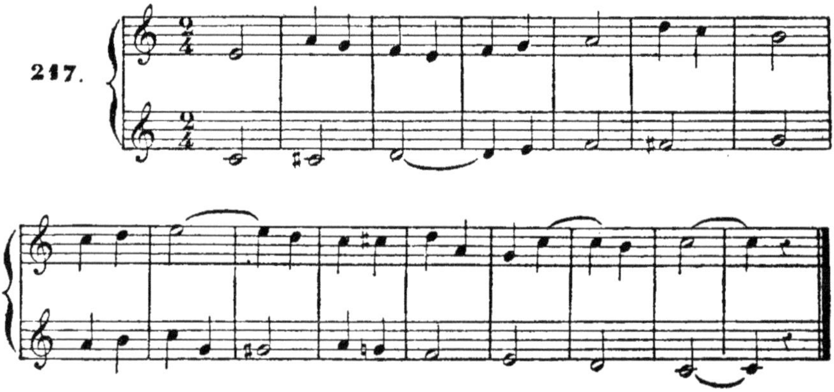

218.

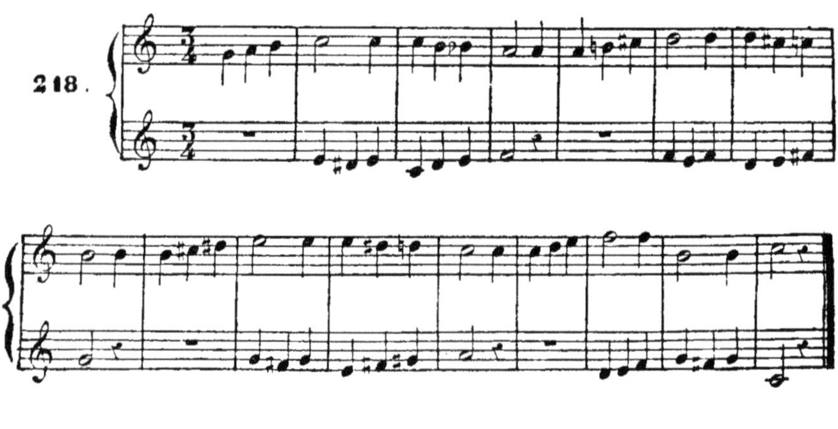

219. Andantino.

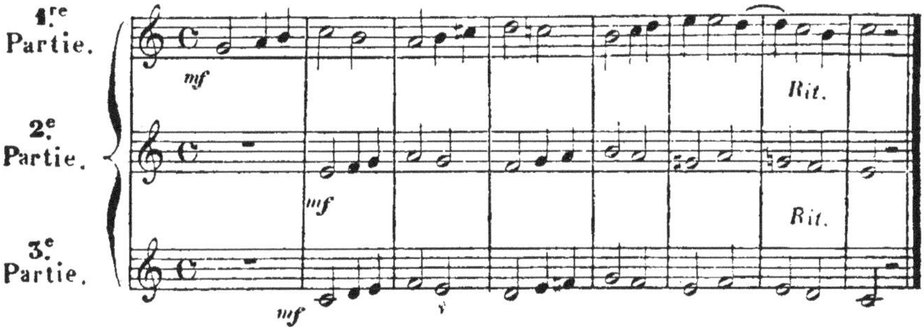

220.

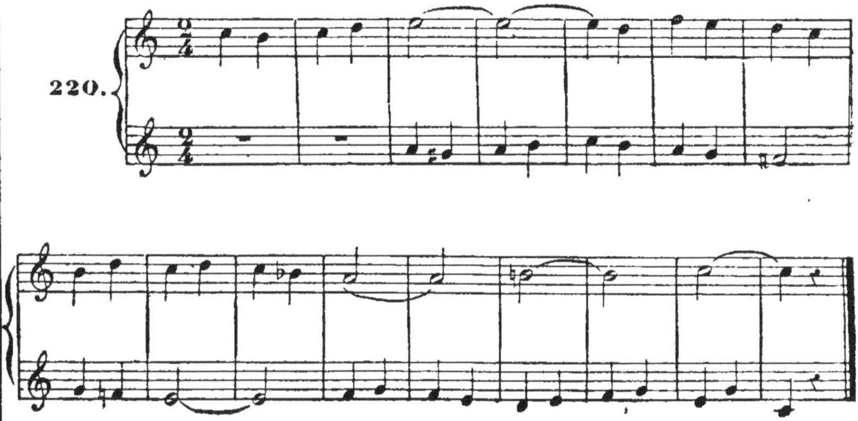

221.

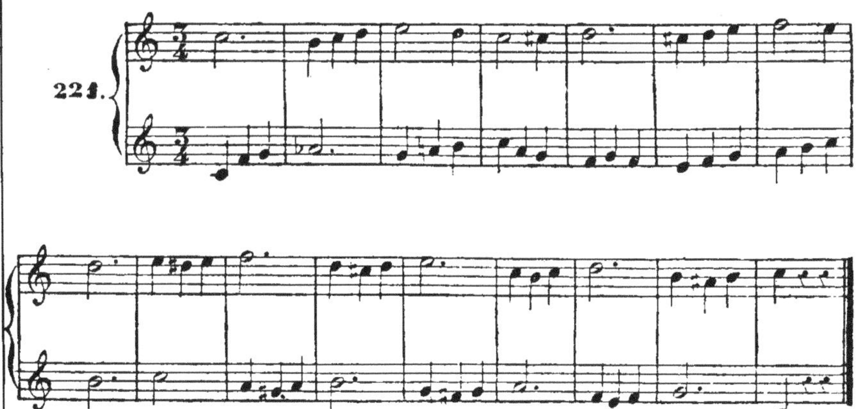

222

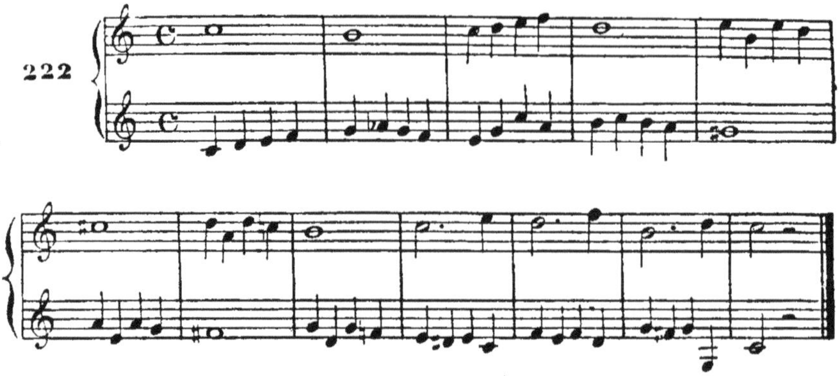

223. Andante con moto.

1.re Partie. 2.e Partie. 3.e Partie.

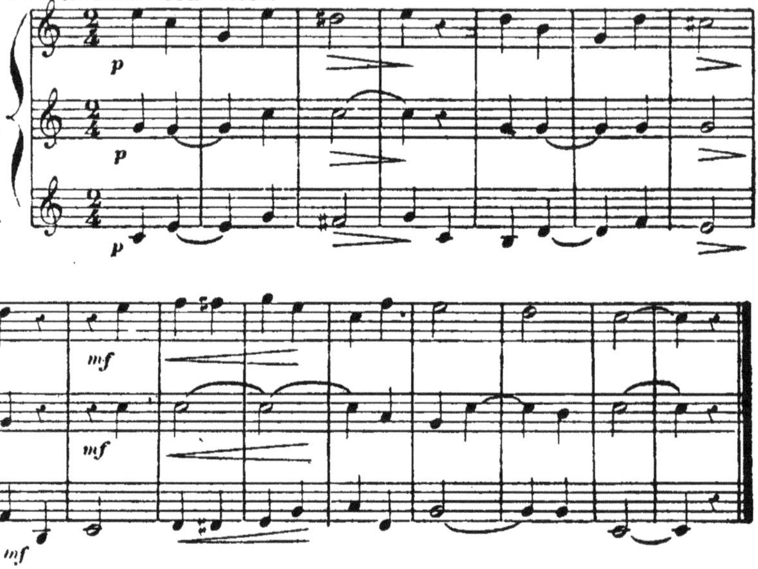

224.

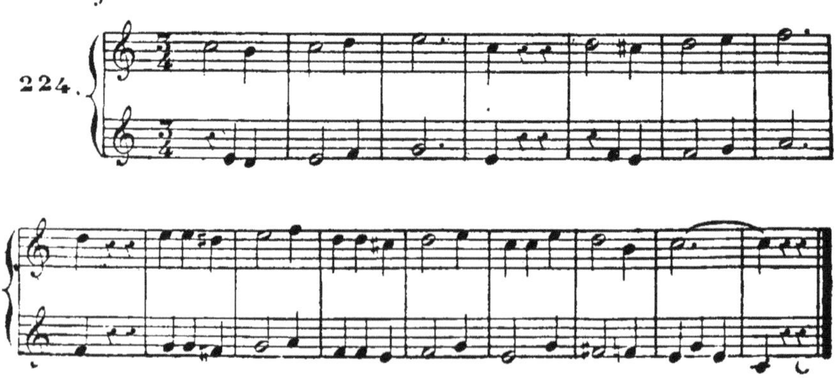

225.

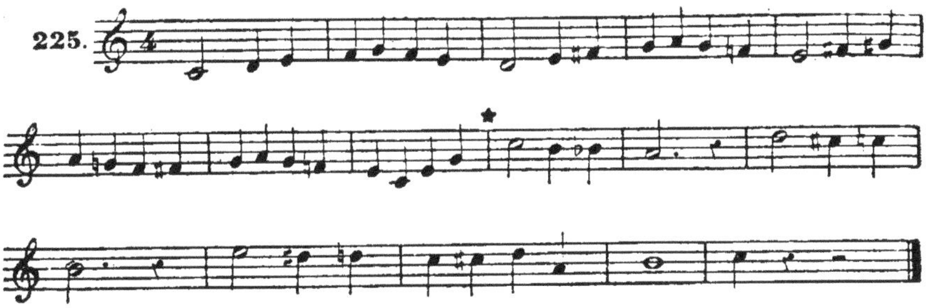

226.

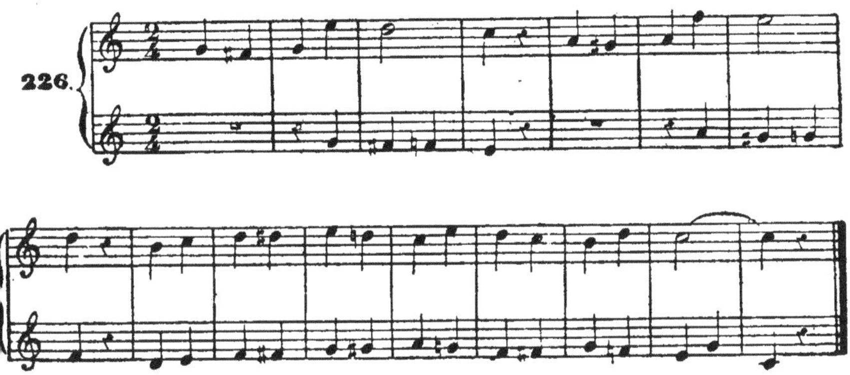

227.

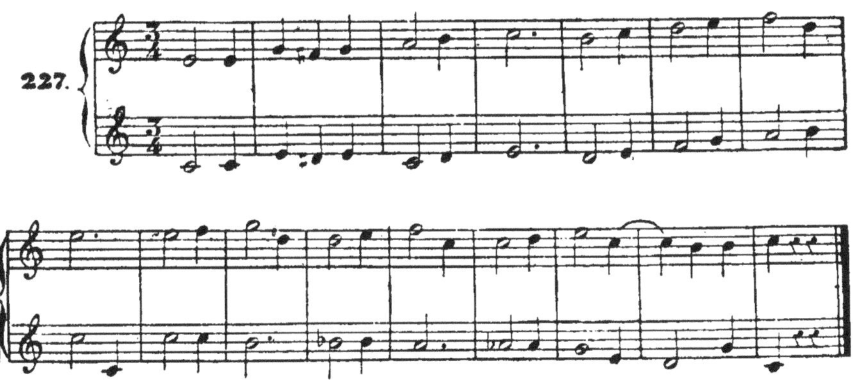

228.

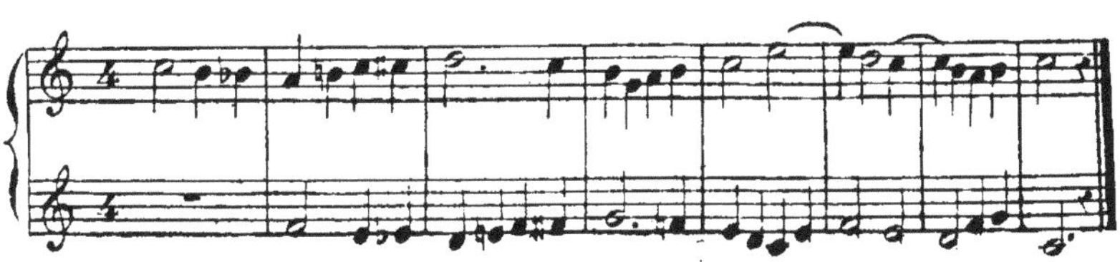

229

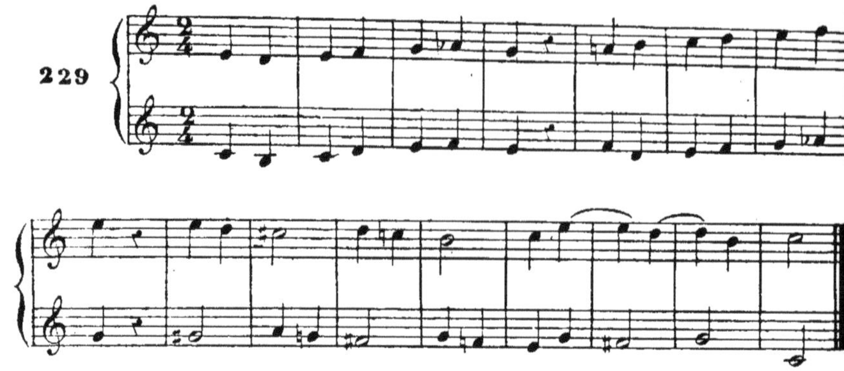

230.

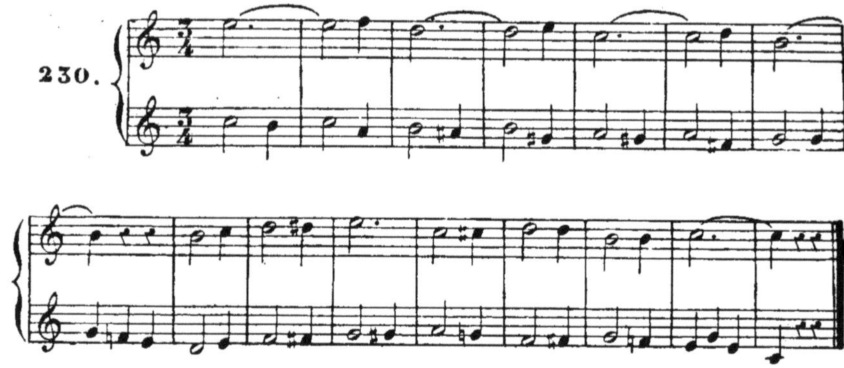

231. Allegro.

1.re Partie

2.e Partie

3.e Partie

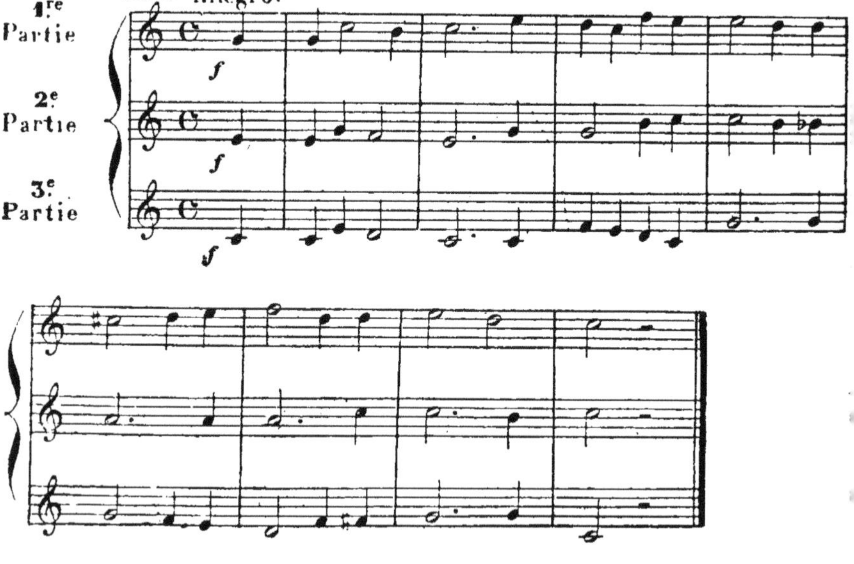

GAMME MAJEURE, GAMME MINEURE.

Outre la gamme diatonique que nous connaissons (page 6) et qu'on nomme *Gamme majeure,* il en existe une autre appelée *Mineure.*

Elle se compose des mêmes sons que la *Gamme majeure* mais le point de départ ou *Tonique* est *la* au lieu de *do.*

Ex: 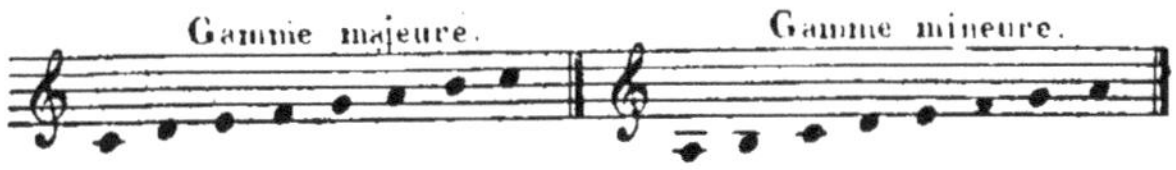

MODE MAJEUR, MODE MINEUR.

Ainsi, il y a deux modes ou manières de pratiquer la gamme diatonique, le *Mode majeur* et le *Mode mineur.*

Dans la gamme du *Mode majeur,* la tierce et la sixte de la tonique grave sont majeures.

Dans la gamme du *Mode mineur,* la tierce et la sixte de la tonique grave sont mineures.

Ex: 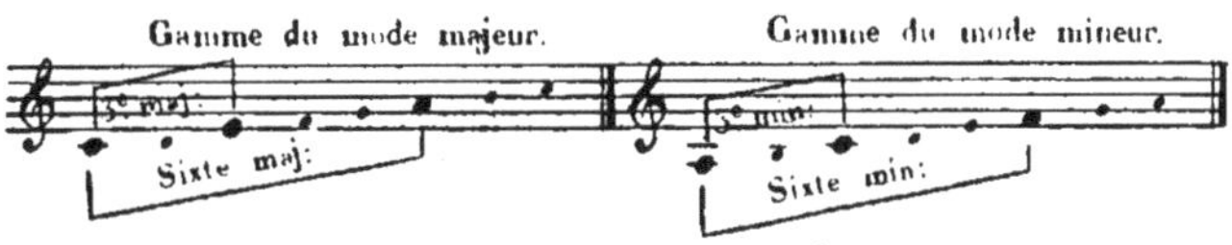

GAMME DU MODE MINEUR. SECONDE AUGMENTÉE

Dans la gamme du mode mineur le besoin d'avoir une *sensible* (page 7) a fait substituer à la 7e mineure de la tonique grave une 7e majeure

Ex: 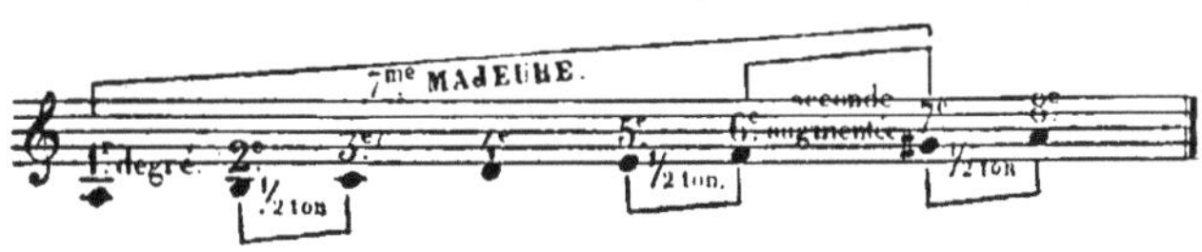

L'intervalle existant entre le 6e et le 7e degré est d'un ton et demi et prend le nom de *seconde augmentée.*

On remarquera que dans la gamme du mode mineur on trouve 3 secondes mineures qui sont placées du 2e au 3e degré, du 5e au 6e et du 7e au 8e.

TON RELATIF.

La gamme du ton de *la* mineur se composant des mêmes sons que celle du ton de *do* majeur (sauf le sol ♯) ces deux gammes sont dites *relatives.* Ainsi le ton de *do* majeur a pour relatif le ton de *la* mineur.

Remarquez que la gamme de *la* mineur a sa tonique à une distance de tierce mineure au dessous de la tonique de la gamme majeure de *do.*

Pour éviter l'intervalle de seconde augmentée (fa sol ♯) on fait quelquefois le fa ♯ (sixte majeure) en montant.

Ex: 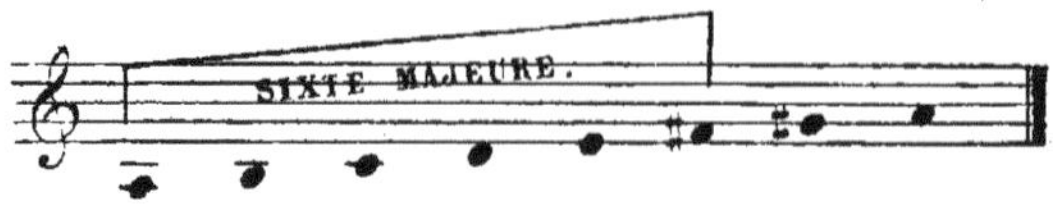

Le *fa* ♯ ne se fait que dans la gamme ascendante, dans la gamme descendante le *sol* ♯ n'est pas indispensable, il est souvent remplacé par le sol naturel. (1)

Ex: 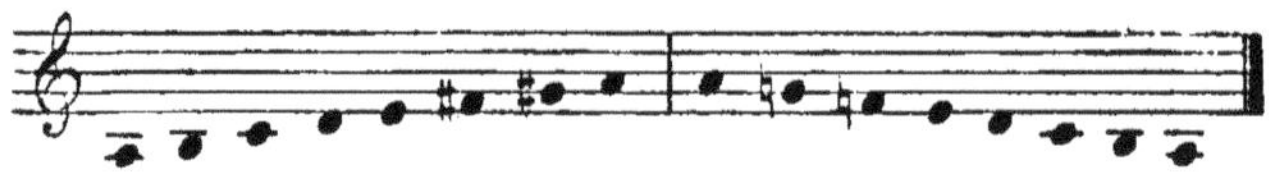

Les deux modes *majeur* et *mineur* constituent la *tonalité*.

LE TON.

Le plus ou moins d'élévation du son qui sert de point de départ à une gamme est ce qu'on appelle le ton (2)

POUR DISTINGUER LE TON MAJEUR DE SON RELATIF MINEUR.

On distingue le ton majeur de son relatif mineur aux signes suivants:

1° On reconnaitra le ton mineur à la présence de sa *note sensible* qui se trouve souvent dans les premières mesures du morceau. (Ex: 1)

2° Un morceau se terminant généralement par la tonique, la dernière note indiquera le ton. (Ex: 2)

3° Si le morceau est a plusieurs parties, on reconnaitra que le morceau est dans le ton mineur si l'on trouve sa tonique dans le dernier accord. (Ex: 3)

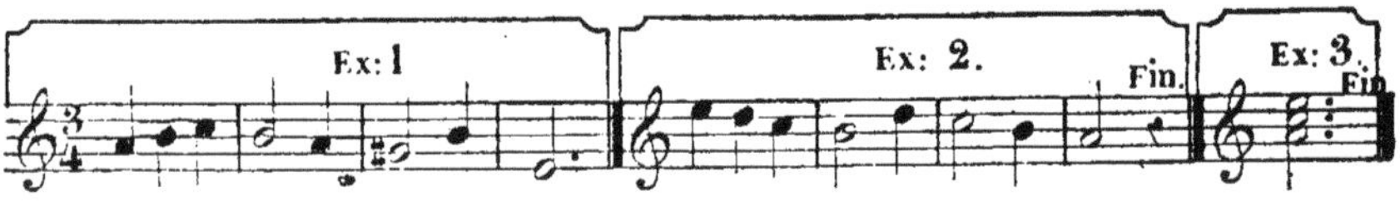

---

(1) *Il est d'usage d'appeler notes* naturelles *les notes qui ne sont pas précédées du ♯ ou du ♭.*

(2) *Ne pas confondre le mot* Ton *pris dans cette nouvelle acception avec le même mot désignant l'intervalle de seconde majeure*

EXERCICES D'INTONATION

10me SÉRIE.

LA MINEUR.

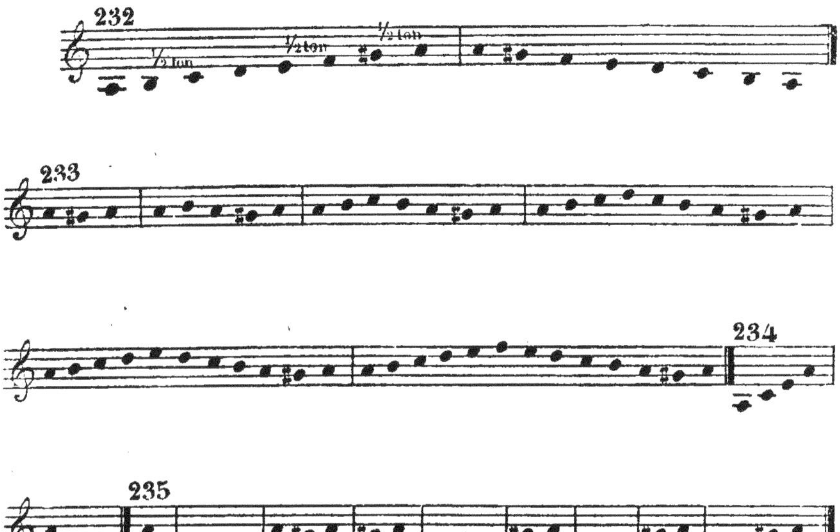

11me SÉRIE.

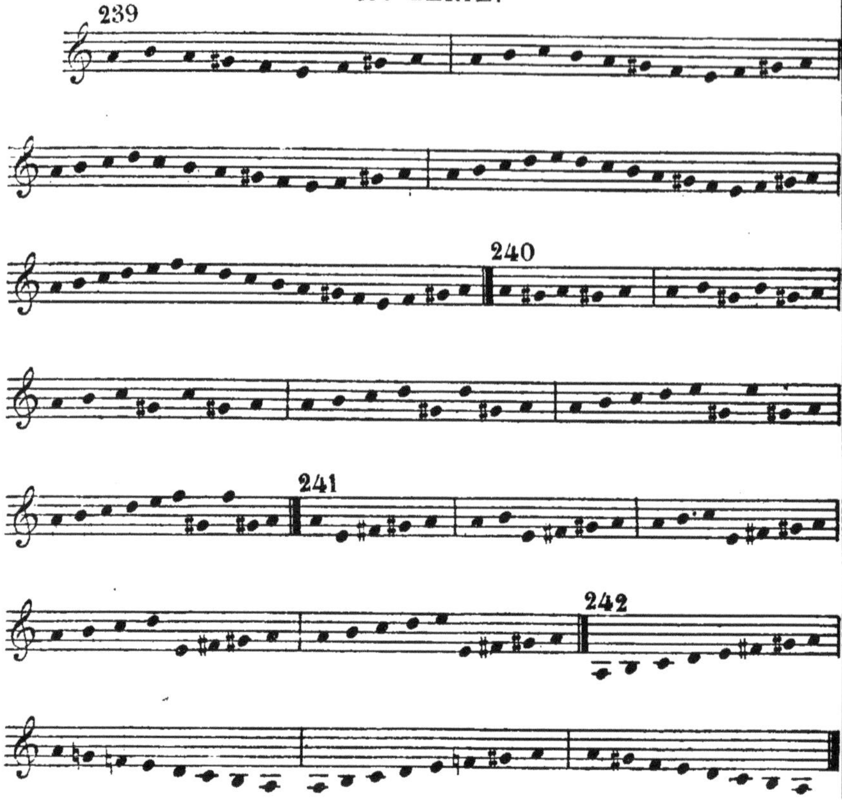

12me SÉRIE.

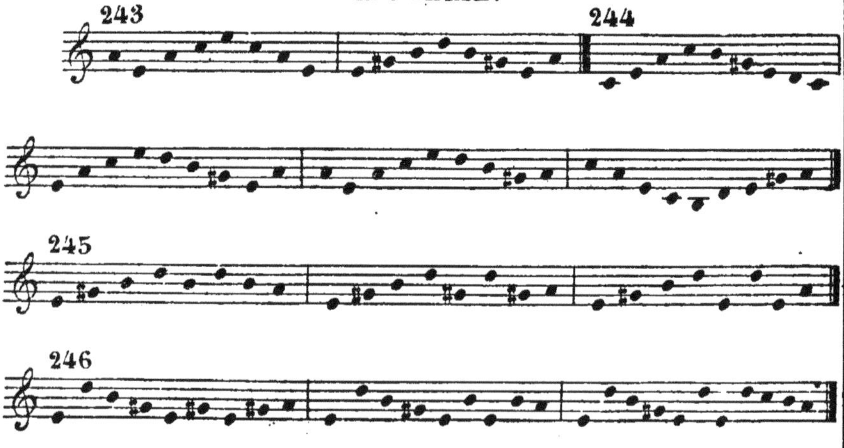

13me SÉRIE.

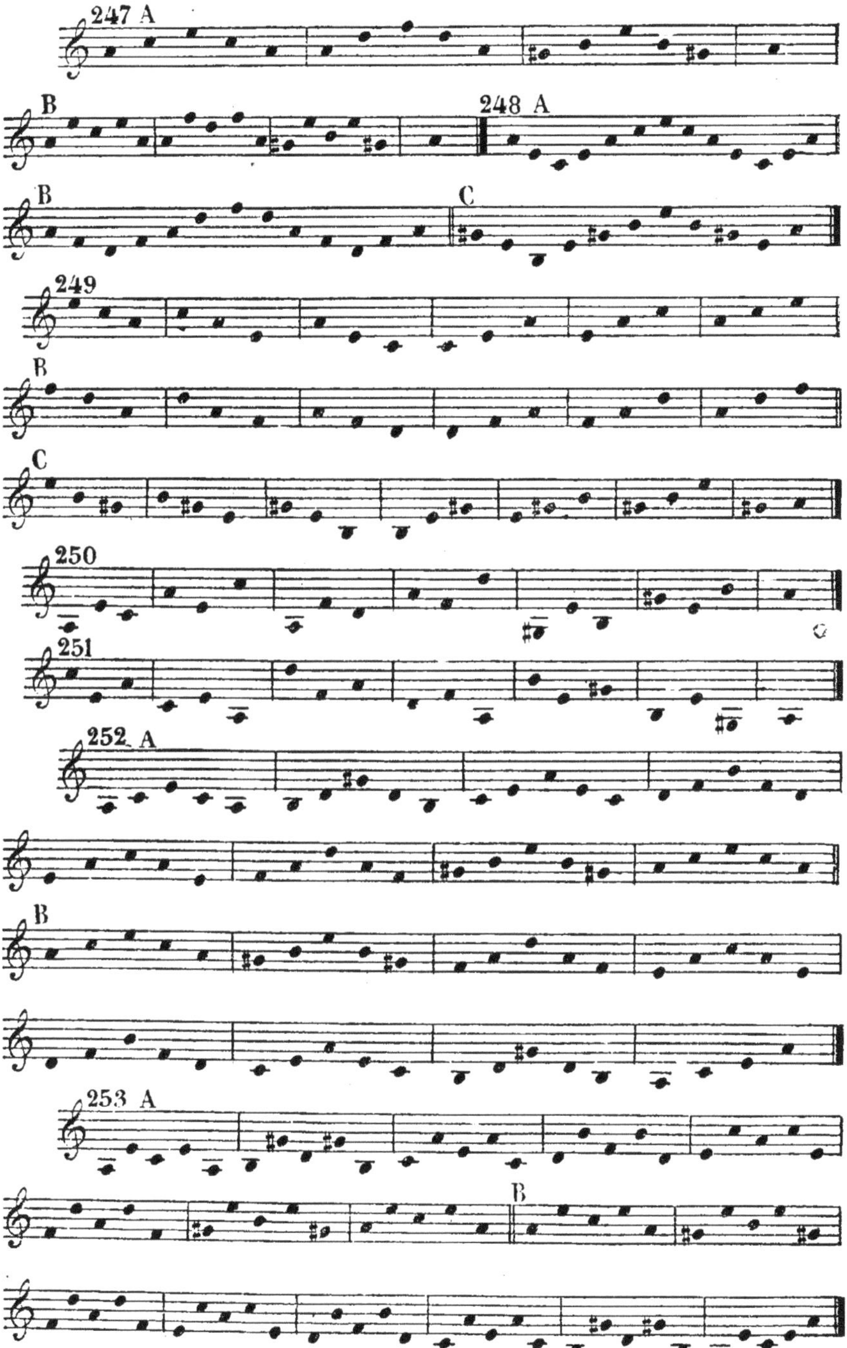

EXERCICES A 2 PARTIES.

254

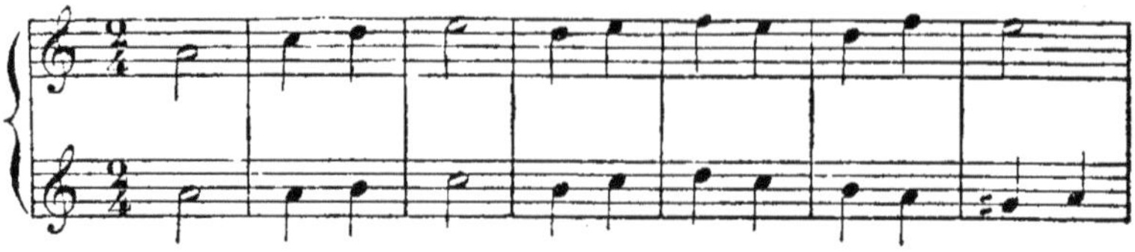

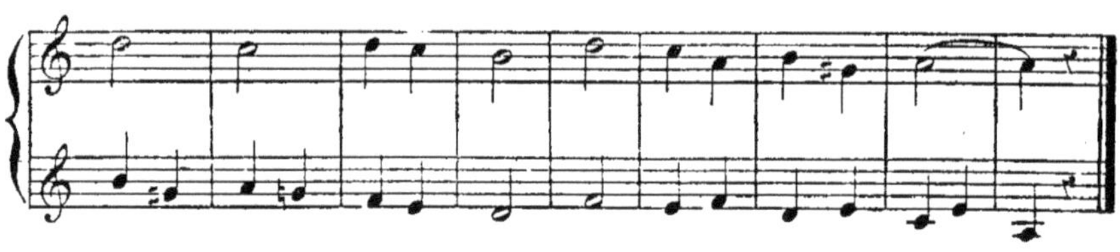

255.

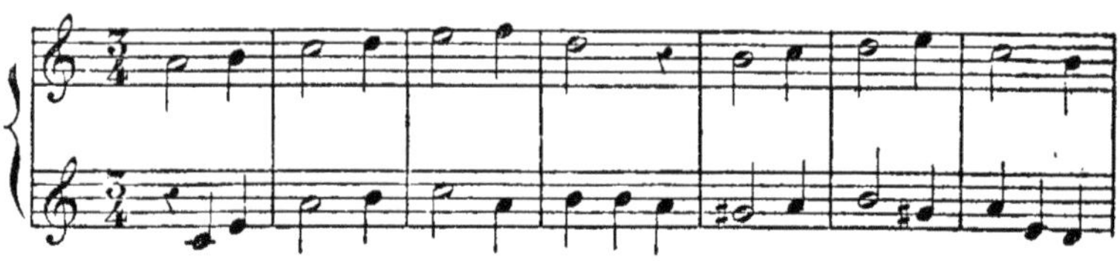

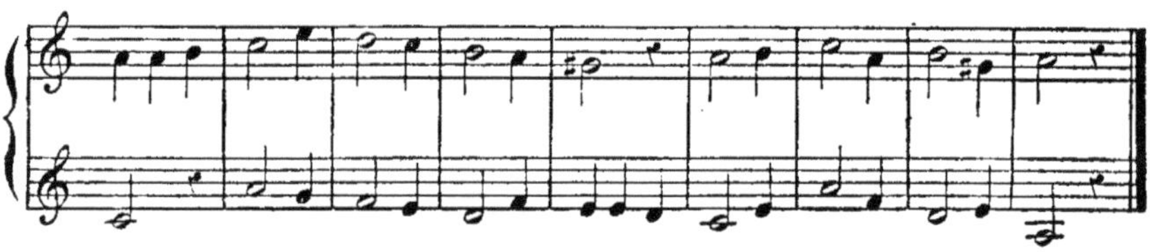

256.

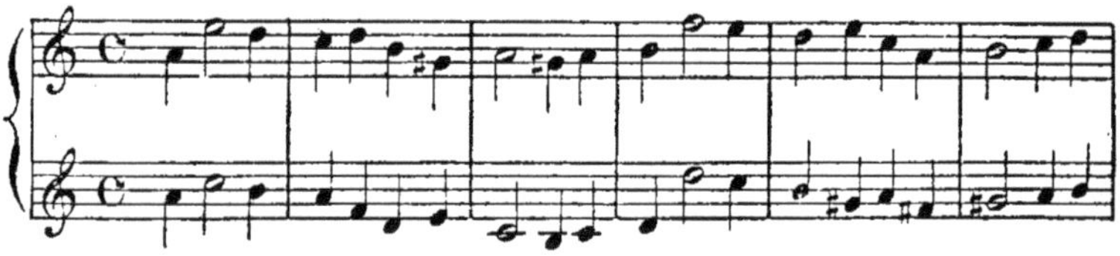

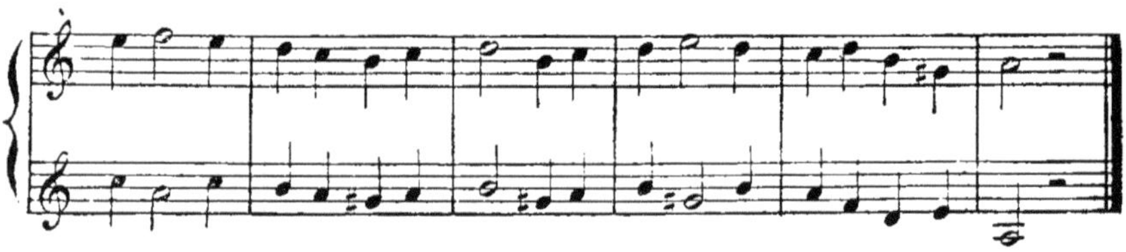

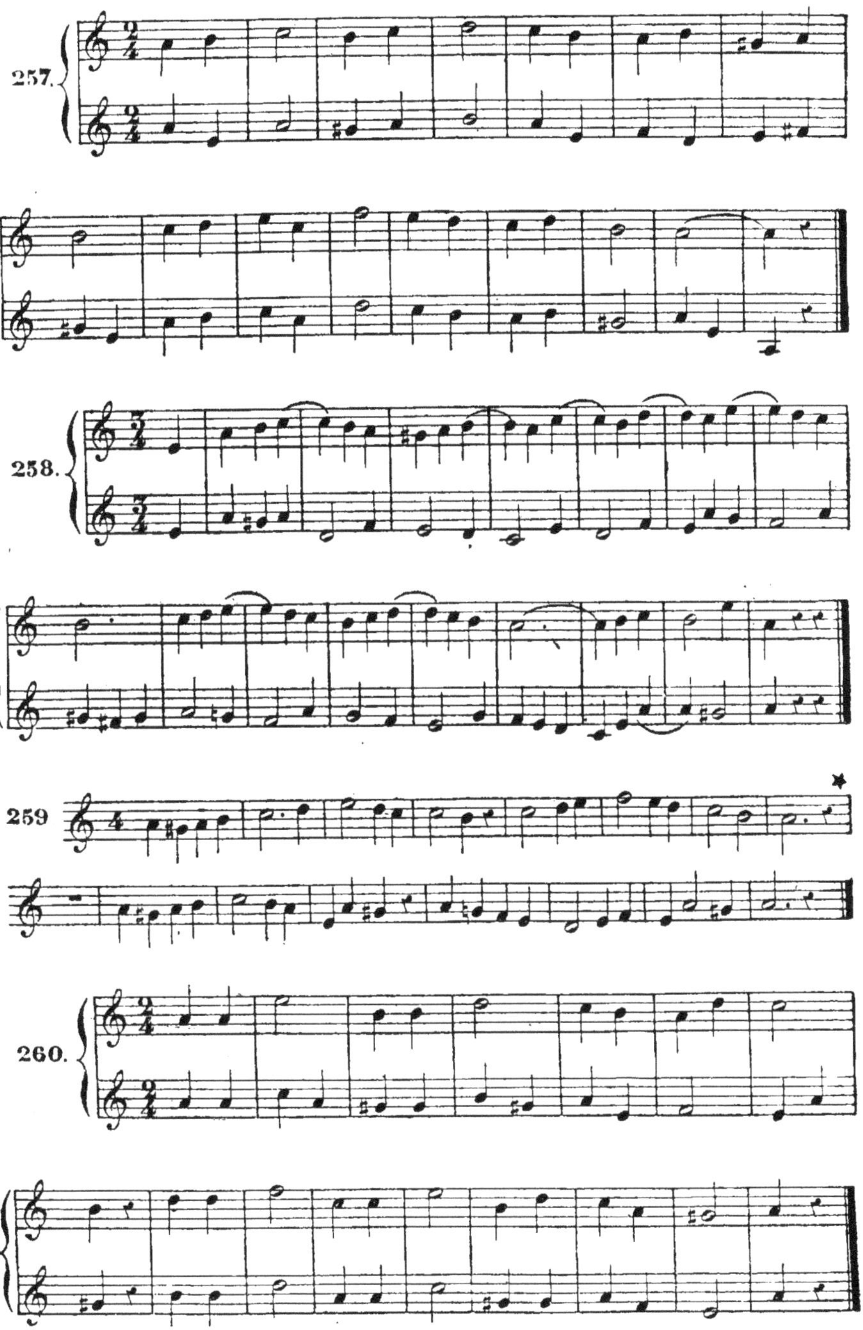
257.
2/4
258.
3/4
259
4
260.
2/4

261

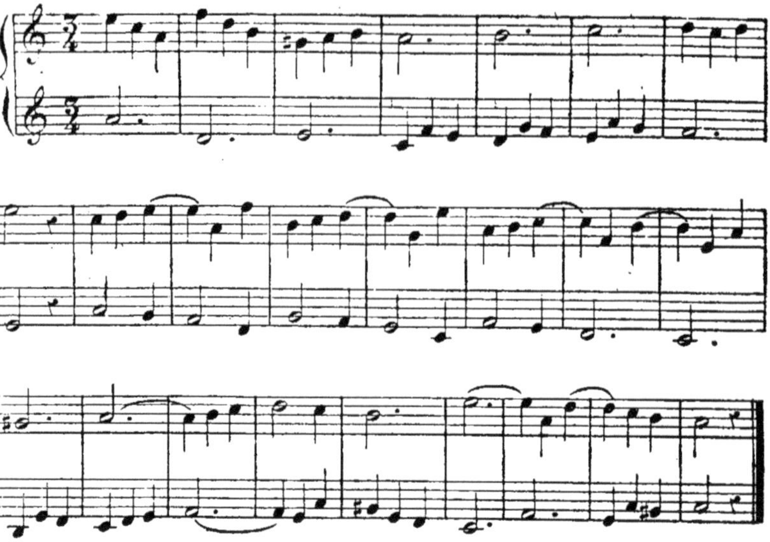

262

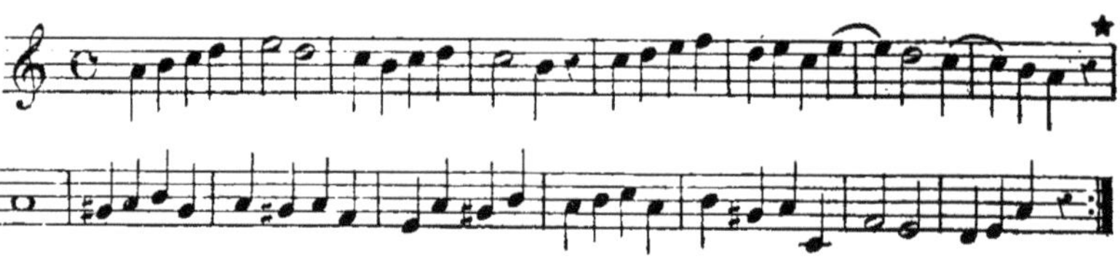

263

Presto.

1re Partie.

2e Partie.

3e Partie.

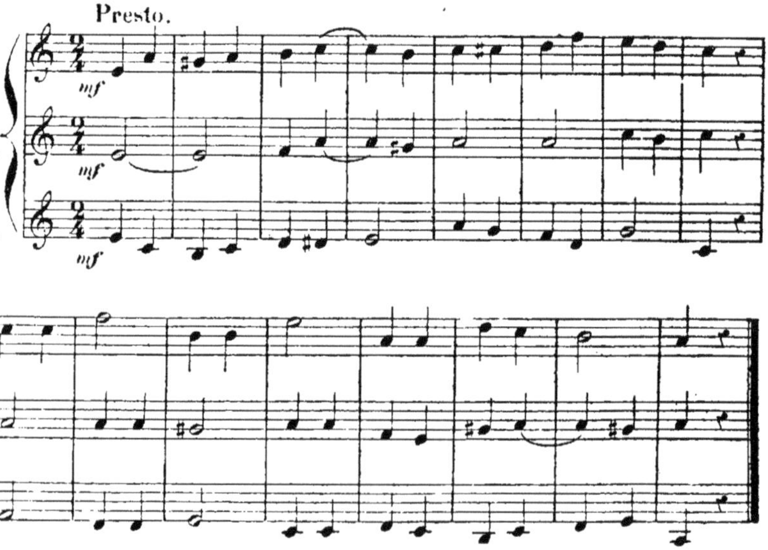

264.

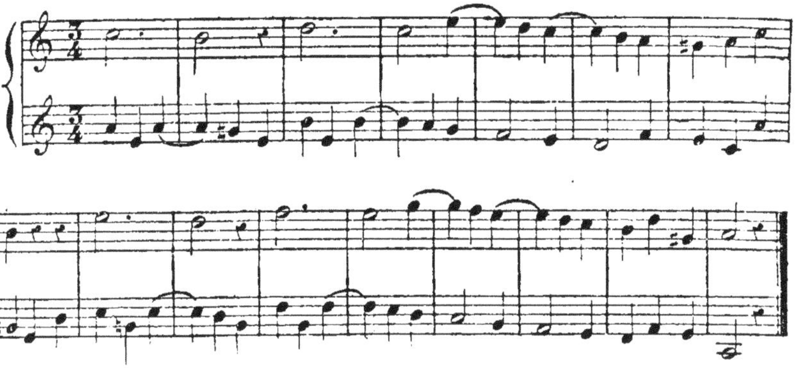

265.

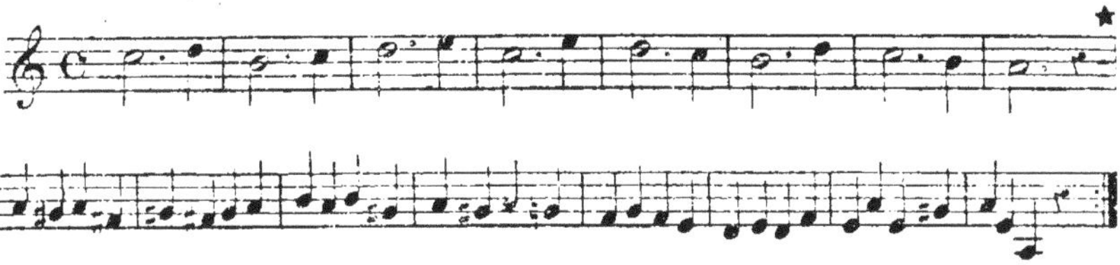

266.

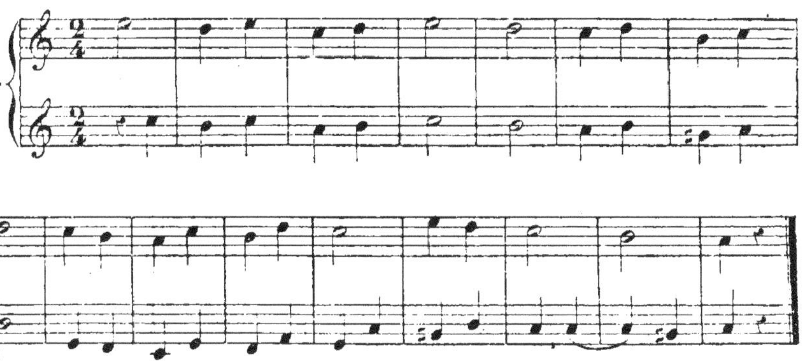

267.

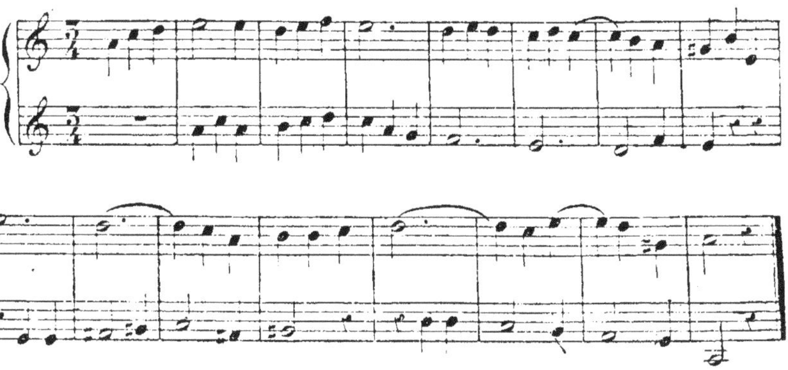

268

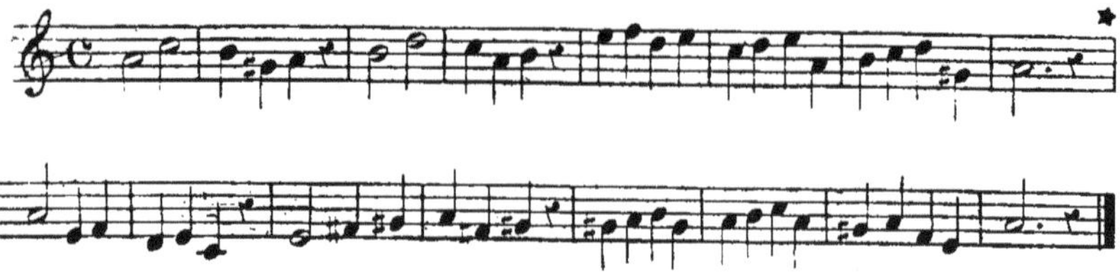

269

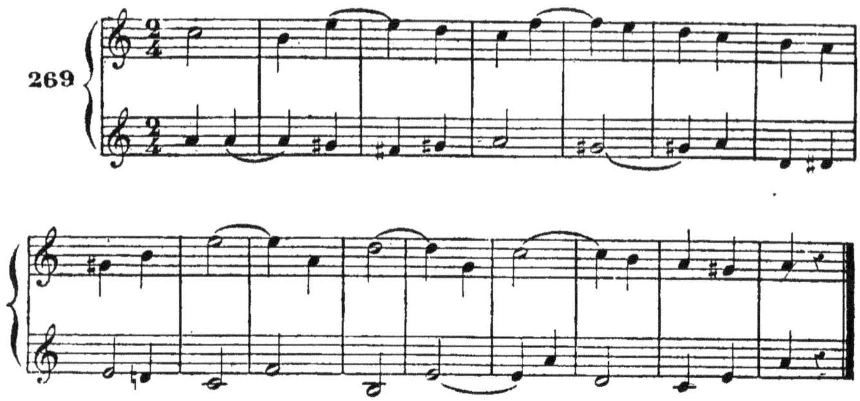

270

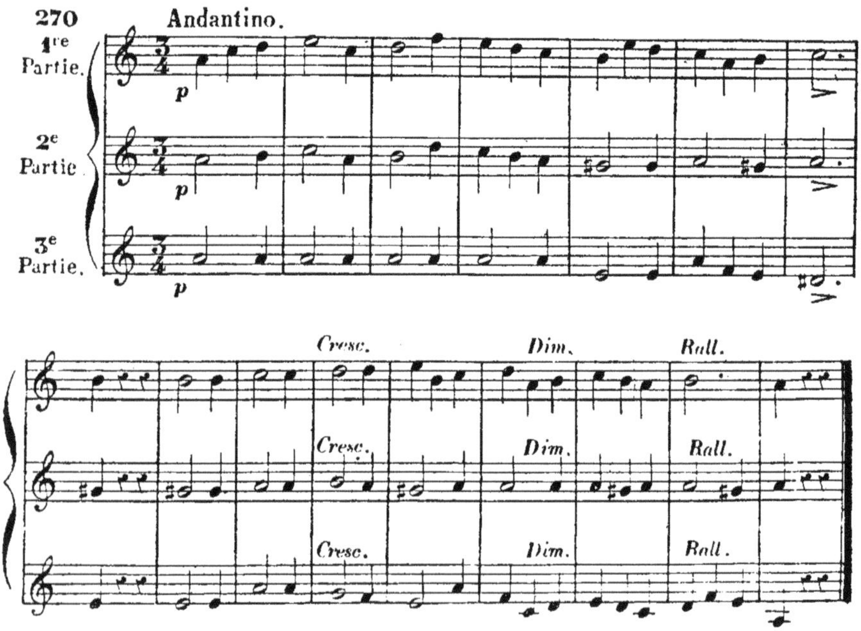
Andantino.
1re Partie.
2e Partie.
3e Partie.
p
p
p
Cresc.
Dim.
Rall.
Cresc.
Dim.
Rall.
Cresc.
Dim.
Rall.

ÉTUDE DE LA CLEF DE FA.

La Clef de FA dont on se sert pour les voix graves d'hommes, se place sur la 4e ligne de la portée

EX: 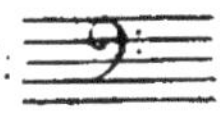

La note placée sur la 4e ligne prend le nom de FA Celle-ci une fois connue on trouve facilement les autres.

Ex: 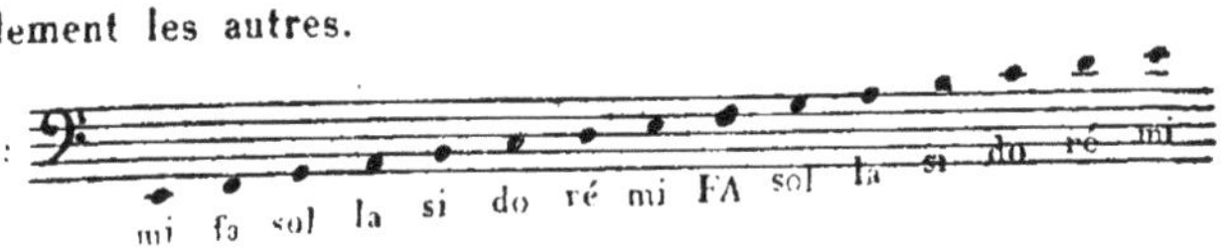

EXERCICES POUR APPRENDRE À LIRE LES NOTES.

1re SÉRIE.

1er GROUPE. Etude des notes graves *mi, fa, sol, la, si* 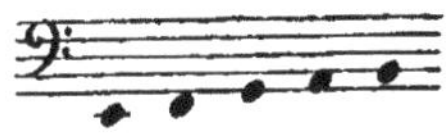

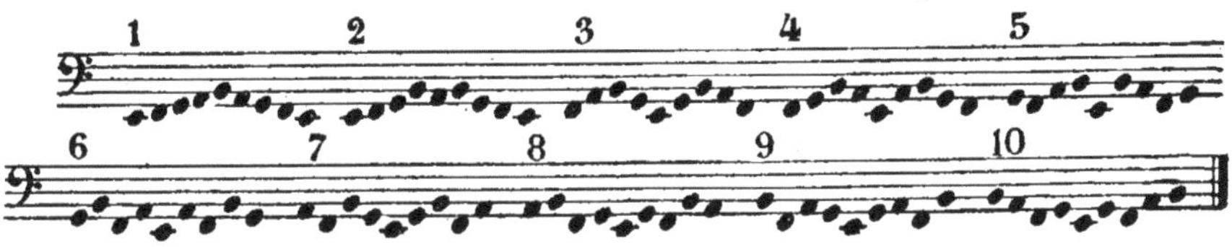

2e SÉRIE.

2e GROUPE Etude des notes *do, ré, mi, fa, sol* 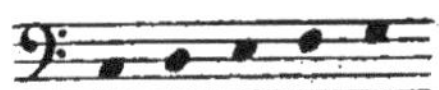

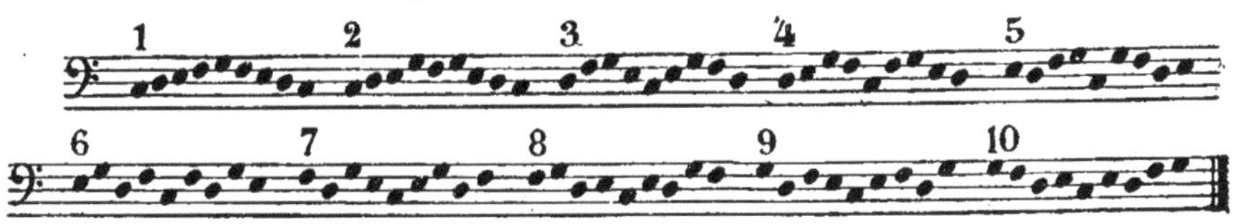

3e SÉRIE.

3e GROUPE. Etude des notes aigues *la, si, do, ré mi* 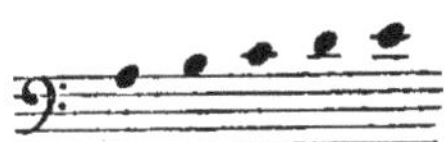

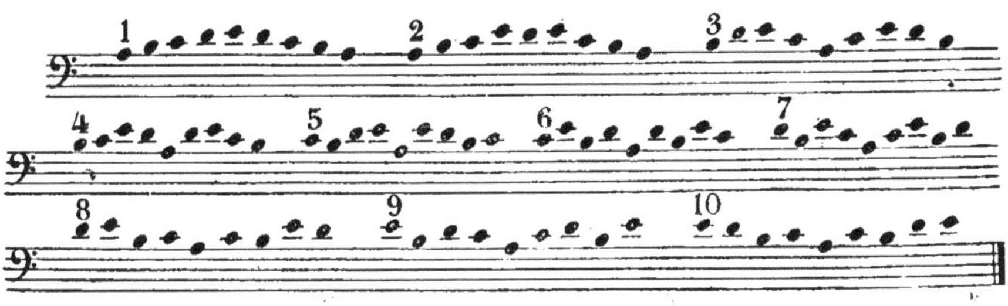

EXERCICES D'INTONATION.

14me SÉRIE

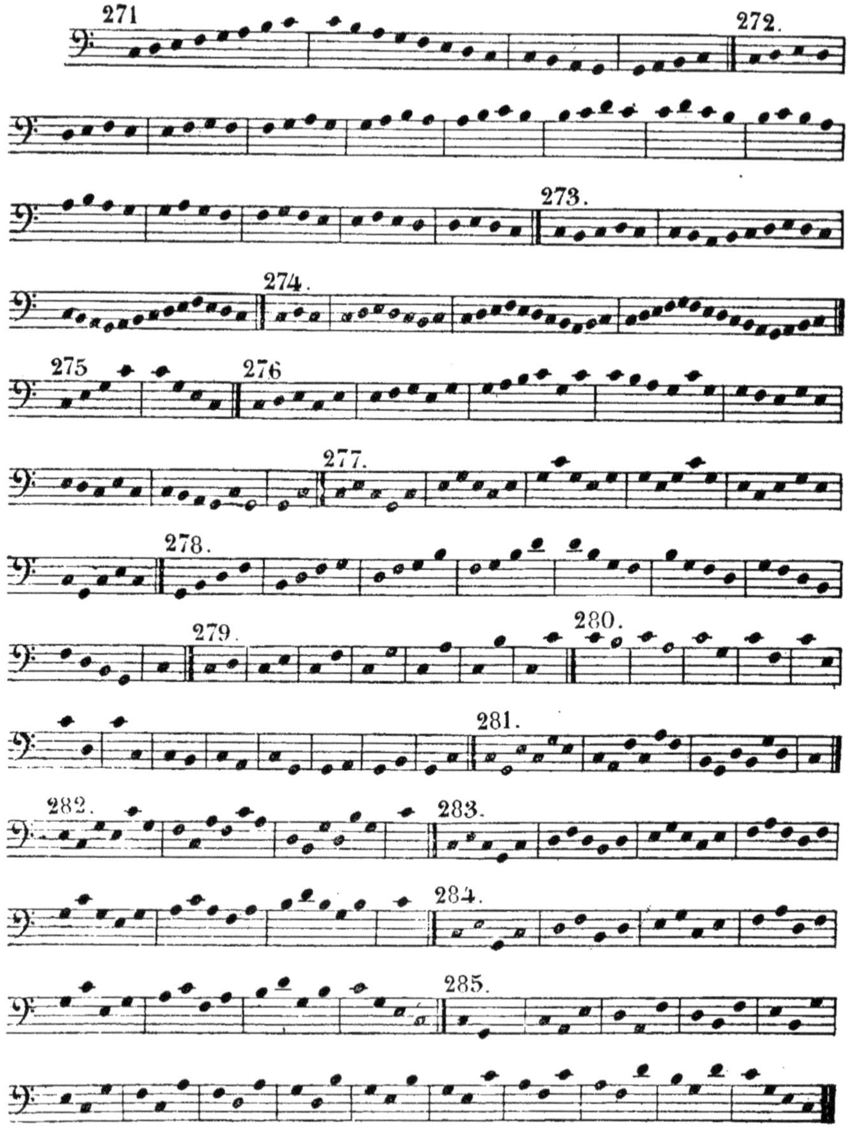

Fin de la 1re Partie

TABLE DES MATIÈRES
contenues dans la première partie.

PRÉFACE _ AVIS AUX PROFESSEURS _ DE LA DICTÉE MUSICALE.

THÉORIE.

PRATIQUE.

ÉTUDE DU RHYTME.

EXERCICES D'INTONATION.

LEÇONS A 2 ET A 3 PARTIES.

FIN DE LA TABLE.

PARIS. — ÉDOUARD BLOT, IMPRIMEUR, RUE TURENNE, 66.

A M. LAURENT DE RILLÉ

LES SOLFÈGES CLASSIQUES

Recueil de leçons des grands Maîtres italiens et français

disposées à deux parties, voix égales

A l'usage des Orphéons et des Écoles

PAR

ADOLPHE PAPIN

Cet ouvrage, complément de la méthode du même auteur, est divisé en 2 parties qui se vendent séparément

PRIX NET. — CHAQUE PARTIE : 1 FRANC

DU MÊME AUTEUR

L'ORPHÉON DES ÉCOLES

Chœurs à 3 voix égales

	PRIX NET		PRIX NET
L'Angélus	» 50	La Récréation	» 50
La Fête Andalouse	» 50	Le Chant des Enfants	» 50
La Ronde du Moulin	» 50	Chœur final pour une distribution de prix	» 50
Le Petit Grenadier	» 50	La Marche du Régiment	» 50
Dieu	» 50	Mon Village	» 50
Le Carillonneur	» 50	Le Fuseau de ma Grand'Mère	» 50
Le Jour de l'An	» 50	La Prière	» 50
Le Nid de Fauvette	» 50	Le Boiteux, le Bossu et l'Aveugle	» 50
Aux Sœurs de charité	» 50	L'Hymne de l'Enfant	» 50
La Berceuse	» 50	La Chanson de l'Atelier	» 50
Bergeronnette	» 50	L'Été	» 50
Aux Frères de la Doctrine chrétienne	» 50	Honneur au Travail	» 50
Dieu et Patrie	» 50	Prenons la clef des champs	1 »

MESSE

à 3 voix égales avec accompagnement d'Orgue

PRIX NET : 4 FRANCS

5137. — PARIS. ÉDOUARD BLOT, IMPRIMEUR, RUE TURENNE, 66.

PARIS. — ÉDOUARD BLOT, IMPRIMEUR, RUE TURENNE, 66.

www.ingramcontent.com/pod-product-compliance
Ingram Content Group UK Ltd.
Pitfield, Milton Keynes, MK11 3LW, UK
UKHW031933260826
14628UKWH00004B/1589

9 782329 614045